Günter Kretz

Der getarnte Gott

Günter Kretz

Der getarnte Gott

Bibliografische Information der Deutschen Nationalbibliothek:
Die Deutsche Nationalbibliothek verzeichnet diese Publikation
in der Deutschen Nationalbibliografie; detaillierte bibliografische
Daten sind im Internet über http://dnb.dnb.de abrufbar.

Bibelzitate sind, wenn nicht anders gekennzeichnet,
der Rev. Lutherbibel von 1984 entnommen.

Buchcoverdesign: Sarah Buhr/www.covermanufaktur.de
unter Verwendung von
Gannady Kireev und Batareykin/123rf.com

Herstellung und Verlag:
BoD – Books on Demand, Norderstedt

ISBN: 978-3-75197-778-4

INHALT

VORWORT

„Wer glaubt ein Christ zu sein, weil er die Kirche besucht, irrt sich. Man wird ja auch kein Auto, wenn man in eine Garage geht."

(Albert Schweitzer)

Dieses humorvolle Zitat trifft den Nagel auf den Kopf. Es beantwortet zwar nicht die Frage, wer denn nun in der Tat ein Christ ist oder wie man ein Christ wird, aber es hilft uns zu verstehen, dass im Zentrum des christlichen Lebens nicht der Kirchgang steht.

Aber was charakterisiert tatsächlich einen Christen, so dass wir sagen können: *„Ja, genau das ist es! Das ist ein Christ!"*

Wenn ich Menschen auf der Straße interviewe und ihnen die Frage stelle: *„Wer ist für Sie ein Christ?",* dann beantworten die meisten Menschen dies mit einem Schulterzucken oder sie sagen, dass dies für sie ein Mensch wäre, der hilfsbereit und liebevoll mit seinen Mitmenschen umgeht. Das ist ja nicht falsch, sich auf diese Weise zu engagieren, aber es trifft nicht den eigentlichen Kern des christlichen Glaubens.

Dieses Buch ist für die geschrieben, die den christlichen Glauben in ihrem Kern verstehen wollen, ohne gleich ein dickes Buch oder die ganze Bibel durchlesen zu müssen. Es beschränkt sich ganz bewusst auf den zentralen Inhalt, die Kernbotschaft der Bibel, und macht sie durch Geschichten und Illustrationen für den Leser zugänglicher, einfacher und leichter verständlich.

Noch eine Anmerkung zum Ende dieses Vorwortes: Ich habe bewusst die förmliche Anrede „Sie" durch das persönlichere „du" ersetzt. Damit will ich mich dem Leser nicht anbiedern oder ihm zu nahe treten, aber ich hatte den Eindruck, dass das „du" den Zeilen eine menschlichere, intensivere Note verleiht und der Leser näher an die zentralen Punkte herangebracht wird.

EINFÜHRUNG UND LESEZEIT

Unsere Zeit ist das Kostbarste, was wir haben. Täglich treffen wir Entscheidungen, wem oder was wir unsere wertvollen Stunden geben. Dabei richten wir uns oft unbewusst nach der Devise aus: Was bringt mir diese Investition? Was habe ich davon? Es muss sich also auf irgendeine Weise auszahlen, damit ich bereit bin, meine Zeit herzugeben.

Wenn du dieses Buch in die Hand genommen hast, kannst du noch nicht wissen, ob es sich wirklich lohnen wird, es zu lesen. Du brauchst **etwa eine Stunde**, um es – ohne den Anhang – durchzulesen. Eine Stunde? Manchmal ist das die Zeit, die du im Wartezimmer beim Arzt verbringst, oder du bist gerade mit dem Zug unterwegs. Womöglich entschließt du dich auch ganz spontan, jetzt einfach mal keine TV-Show oder YouTube Videos zu gucken. Stattdessen nimmst du dir schlichtweg diese eine Stunde, um dieses Buch durchzulesen. Dies bedeutet, dass du damit ein gewisses Risiko eingehst. Welches Risiko?

Im schlimmsten Fall hast du eine Stunde vertan und bist ein wenig schlauer geworden. Im besten Fall allerdings beginnst du zu ahnen, dass eine unsichtbare Wirklichkeit hinter der sichtbaren Welt existiert und dass es einen Schlüssel gibt, um in Kontakt mit dem lebendigen Gott selber zu kommen. Dieser

Zugang kann dir für dein weiteres Leben ungeahnte Perspektiven eröffnen und dich mit großer Hoffnung und tiefer Zuversicht ausstatten.

Wenn du den Eindruck hast, dein Leben könnte nicht nur ein bisschen „Make-up" gebrauchen, sondern du tief im Inneren ahnst und spürst, das kann doch nicht alles sein, lade ich dich hiermit ein, eine knappe Stunde deiner Zeit für eine Reise durch dieses Buch zu investieren. Allerdings muss ich dich an dieser Stelle ehrlicherweise warnen: Dein gewohnter Blick auf diese Welt könnte sich verändern und es wäre denkbar, dass du die Dinge, die sich um dich ereignen, in einem anderen Licht sehen wirst. Und das könnte der Auftakt sein, wo du spürst, dass von nun an dein Leben in eine andere, neue Richtung gehen wird.

KAPITEL 1

Wo ist Gott?

„Gott hat sich bei mir noch nicht vorgestellt!"

„Ich halte mich an das, was ich mit meinen Augen sehen, mit meinen Ohren hören oder mit wissenschaftlichen Instrumenten messen kann, alles andere ist bloße Spekulation!"

„Angesichts des immensen Leides in dieser Welt ist es doch einfach naiv, daran zu glauben, dass es einen gütigen und allmächtigen Gott geben könnte!"

„Wenn es einen Gott gäbe, dann könnte er es mit seinen unermesslichen Möglichkeiten uns doch wenigstens ein bisschen leichter machen, davon sehe ich aber absolut nichts."

„Gott, wenn es ihn denn gibt, hat offensichtlich eine völlig desolate PR-Abteilung, die ganz miserabel geführt wird … oder es scheint ihm völlig egal zu sein, was wir denken oder glauben."

„Gott ist doch bloß ein Placebo für die, die so etwas brauchen, um diese kaputte Welt noch ertragen zu können. Vielleicht geht es ja Manchem dadurch etwas erträglicher, aber ich halte mich lieber an nackte Fakten."

Solche und ähnliche Antworten erhalte ich immer wieder, wenn ich mich mit ganz normalen Leuten in meinem Bekanntenkreis, auf der Straße mit Passanten oder auch bei angeregten Diskussionen in kleiner Runde unterhalte.
Derartige Argumente und Gedanken können wir nicht so ohne weiteres einfach beiseiteschieben, sondern warten auf eine plausible Erklärung. Im fortschreitenden Lesen dieses Buches, aber spätestens im Anhang, wird es mehr und mehr deutlich werden, wie sich das Puzzle um diese Gottesfragen Schritt für Schritt entfaltet. Sogar für den eher skeptischen Leser dürfte es überraschend sein, wie sich aufgrund dieser veränderten Sichtweise dann plausible Antworten ganz natürlich ergeben.

Nun ist es in der Tat so, dass wir Gott mit unseren fünf Sinnen nicht sehen oder mit wissenschaftlichen Messinstrumenten nachweisen können. Er schreibt nicht mit großen Buchstaben in den Himmel: *„Hey,*

Leute, seht mal her, hier bin ich!" Obwohl er dies ohne weiteres tun könnte.

Aus der Bibel wissen wir, dass Gott im Himmel wohnt. Das weltbekannte Gebet, das *„Vater Unser",* fängt mit den Worten an: „Unser Vater im *Himmel …".*
Wenn wir im Himmel wären, dann könnten wir Gott mit unseren Augen sehen. Dieser Himmel ist allerdings nicht mit dem blauen Himmel über unserem Planeten zu verwechseln, in den der erste Kosmonaut Juri Gagarin 1961 mit einer russischen Rakete flog und damals die berühmten Worte sprach: *"Ich war im Himmel, und habe mich genau umgesehen. Es gab keine Spur von Gott."*
Wenn die Bibel vom Himmel spricht, meint sie den transzendenten, geistlichen Himmel. Dies ist der Ort, wo Gott sichtbar wohnt. Die englische Sprache hat sogar ein eigenes Wort für diesen Ort: „heaven". Das Wort „sky" bezeichnet dagegen den diesseitigen, sichtbaren, physikalischen Himmel.

Aus diesem Himmel, in dem Gott wohnt, ist die Erde beobachtbar und sichtbar, aber nicht umgekehrt. Zwischen uns und dem transzendenten Himmel gibt es also eine prinzipielle Grenze, die wir mit unseren Sinnen und unseren Messinstrumenten nicht durchdringen können.
In der modernen Astronomie gibt es ein ähnliches Phänomen, welches Albert Einstein schon vor über 100 Jahren voraussagte: ein schwarzes Loch. Wir können mit keiner noch so ausgeklügelten Messme-

thode dort hineinschauen, denn die Gravitations-
kraft dieser Struktur ist so gewaltig, dass es sogar
das Licht festhält. Es kann dort nicht mehr entwei-
chen und wird sozusagen um das schwarze Loch im
Kreis herumgebogen. Die Grenze zwischen unserer
Wirklichkeit und dem schwarzen Loch ist sogar
exakt beschreibbar. Es ist der sogenannte Ereignishorizont.

Ganz ähnlich könnten wir uns auch dies Phänomen
einer prinzipiellen Grenze zwischen unserer Wirklichkeit und der Wirklichkeit des transzendenten
Himmels vorstellen. Die Tatsache, dass wir diesen
Himmel nicht wahrnehmen können, heißt jedoch
nicht, dass er nicht existiert und dass dies für uns
persönlich keinerlei Bedeutung hätte.

Im Grunde genommen bleiben hier nur zwei Möglichkeiten:

1) Es gibt keinen Himmel und keinen Gott. Trifft dies
   zu, dann habe ich in der Tat keine Möglichkeit,
   diese Nichtexistenz nachzuweisen oder irgend-
   welche weiteren Schlussfolgerungen darüber zu
   ziehen.

2) Es gibt einen Himmel und einen Gott. Trifft das
   zu, dann habe ich von mir aus ebenso keine Möglichkeit dies nachzuweisen. Allerdings ist in diesem Falle noch eine andere Schlussfolgerung
   denkbar, die unter Fall 1) nicht gegeben wäre.
   Denn, wenn es in der Tat einen Gott gibt, dann
   gäbe es damit auch die Möglichkeit, dass ER diese
   Grenze zu uns überschritten oder wenigstens

Spuren hinterlassen hat, die wir entschlüsseln können und auch sollen.

Gibt es solche Spuren in unserer Welt? Die Bibel gibt dazu ein eindeutiges „JA". In den folgenden Kapiteln werden wir uns mit ihrer Hilfe auf Spurensuche begeben, auf Fährten, die auf Gott hinweisen, auf denen wir sogar heute Gott finden können.

KAPITEL 2

Auf Spurensuche

 Es ist ohne Zweifel so, dass wir Gott weder mit unseren natürlichen Sinnen noch mit modernen technischen Geräten direkt wahrnehmen können. Daraus zu schließen, dass er nicht existiert, ist aber, wie wir gesehen haben, ein Trugschluss.

Gott zeigt sich uns in aller Regel nicht direkt, sondern er hat einige Spuren hinterlassen, die auf ihn hinweisen und auf denen man ihn sogar finden kann.

Eine erste derartige Spur ist die Schöpfung selber, in der wir leben. Die Schönheit und Komplexität der belebten Natur ist bei näherer Betrachtung atemberaubend. Eine einzige lebendende Zelle ist ein

Wunderwerk des Lebens, über das wir nur staunen können. Sie ist so vielschichtig in ihrer inneren Struktur und Funktion, dass wir bis heute die Abläufe und das Zusammenspiel der biochemischen Reaktionen nur in groben Umrissen darstellen können. Selbst bis heute ist es noch niemanden auch nur annäherungsweise gelungen, aus einfachen, unbelebten Materiebausteinen eine wirklich lebende Zelle zu bauen.

Wenn wir durch ein leistungsfähiges Mikroskop in die Welt des Mikrokosmos vordringen, offenbaren sich uns Welten, die uns vorher verborgen waren. Wir entdecken ein Wunder nach dem anderen, die wir vorher in unserem Alltag so gar nicht in unserem Blickfeld hatten. Nehmen wir nur einmal eine bestimmte Erscheinungsform des Wassers, den Schnee. In diesem Zustand kristallisiert jede Schneeflocke in einem sechseckigen Stern, der vollkommen symmetrisch ist. Das Erstaunliche hierbei ist aber nun, dass jede Schneeflocke auf ihre eigene Weise eine einzigartige, geometrisch sechseckige Form aufbaut, so dass keine Schneeflocke der anderen gleicht. Jede Flocke ist völlig unterschiedlich. Es ist fast wie beim Menschen. Keiner gleicht völlig dem anderen – und doch sind sie ganz ähnlich gebaut.

Wir können aber nicht nur im Kleinen, sondern auch im Großen mit einem Blick durch ein geeignetes Teleskop in die Welt des Makrokosmos vordringen. Dort entdecken wir Dinge, die wir mit bloßem Auge noch nie gesehen haben. Wir schauen auf Myriaden von Sternen und Galaxien, farbenprächtige Gasnebel und Planeten mit ihren Monden, die nach den kosmischen Gesetzen ihre Bahnen ziehen. Bei einem klaren Nachthimmel lässt uns dieser Blick nach oben nicht unberührt. Wir beginnen zu ahnen, wie unvergleichlich groß und wie ungemein mächtig derjenige sein muss, der dies alles gemacht hat. Bei einem solchen Anblick fällt es schwer, daran zu glauben, dass das ganze All sich aus dem Nichts irgendwie selber ins Leben gerufen haben könnte.

Wenn wir wieder zurück auf die Erde schauen, entdecken wir Szenen, die unser Gefühl und unser Herz bewegen. Wir sehen die Schönheit eines Regenbogens, wie er in seinen Spektralfarben glitzert, wenn die Elemente von Sonnenlicht und Regen aufeinandertreffen. Wir horchen auf die Wildheit eines tosenden Wasserfalls, der sich in die Tiefe stürzt und sind gerührt von der Anmut spielender Delphine zwischen den Wasserwellen. Wir schauen auf das beeindruckende Federkleid eines Pfaues, der überraschend sein Rad schlägt und unser Herz wird voller Sympathie über einen niedlichen Koalabären, der genüsslich an seinem Bambusschössling knabbert.

In jedem dieser Dinge spiegelt sich auf seine eigene Art und Weise ein Stück von dem wieder, der das alles erschaffen hat. Die Bibel beschreibt dies am Anfang des Römerbriefes mit folgenden Worten: *„Zwar kann niemand Gott sehen; aber er zeigt sich den Menschen in seinen Werken. Weil er die Welt geschaffen hat, können sie seine ewige Macht und* *sein göttliches Wesen erkennen, wenn sie sich nicht dafür verschließen.*" [Römer 1,20 Gute Nachricht]

Eine weitere Spur, die Gott hinterlassen hat, ist das überraschende Auftauchen von schöpferischer Genialität im Menschen, und zwar in Kunst, Musik, der Literatur wie auch in den Naturwissenschaften.

Falls du schon einmal in einem Konzertsaal die leidenschaftliche Darbietung des Oratoriums von Georg Friedrich Händels Messias oder ein anderes großartiges Werk erlebt hast, dann weißt du, wovon ich spreche. Unser inneres Wesen wird auf zarte und doch beeindruckende Weise von begnadeter und wunderschöner Musik berührt.

Ein anderes Mal besuchen wir in einem Museum oder einer Kirche eine Ausstellung von Chagalls bekanntesten Werken. Dort wird es uns geschenkt, dass im intensiven Betrachten eines seiner Werke, dieses so zu uns zu reden beginnt, dass wir davon tief bewegt sind.

Oder wir tauchen in die bekannte Trilogie von Tolkiens „Der Herr der Ringe" ein und sind nach wenigen Zeilen von diesen Buchseiten so gefesselt, dass wir sogar das Essen vergessen.

Auch in den Naturwissenschaften gibt es diese genialen Momente. Vor über 100 Jahren ist uns die Relativitätstheorie durch den bekannten Physiker Albert Einstein übermittelt worden, deren Schluss-folgerungen für viele Menschen heute immer noch wie Science-Fiction klingen. In der Praxis hat sie sich allerdings immer wieder als zutreffend herausgestellt. Der experimentelle Nachweis von Gravitationswellen aus dem Jahre 2019 ist eine weitere und die jüngste Bestätigung dieser genialen Theorie.

Dies alles verdeutlicht uns, dass der Mensch keine komplizierte Maschine, sondern ein Wesen mit wahrhaft kreativen Zügen ist. Die Bibel beschreibt den Schöpfungsakt des Menschen auf ihren ersten Seiten mit folgenden Worten. Dort sagte Gott: *„Nun wollen wir den Menschen machen, ein Wesen, das uns ähnlich ist."* [1. Mose 1,26]

Wir sehen also, dass unsere schöpferischen Fähigkeiten, die sich ab und an in uns manifestieren, auf den hinweisen, der der wahre Schöpfer ist.

Ein weiterer Aspekt unserer Spurensuche ist der, dass Gott den Menschen als eine Person mit einem Entscheidungsspielraum erschaffen hat. Er muss nicht zwangsläufig auf eine bestimmte Art und Weise so und so reagieren. Er kann sich auch anders entscheiden. So hat ihn Gott gemacht. Bis heute hat der Schöpfer diese Fähigkeit des Menschen, nämlich sich frei zu entscheiden, nicht zurückgenommen. Damit ist ER ein echtes Risiko eingegangen, dass seine Krone der Schöpfung, der Mensch, sich frei entscheiden kann – auch gegen ihn. Aber nur auf diesem Wege ist es überhaupt denkbar, dass sich aufrichtige Liebe entfalten kann. Warum? Weil dem Gegenüber eben diese freiwillige Entscheidungsmöglichkeit eingeräumt wird. In dieser Fähigkeit, nach eigenem Ermessen zu wählen, liegt, wie wir später im 6. Kapitel noch sehen werden, auch ein Grund verborgen, warum Gott gegenüber uns Menschen zunächst im „Tarnmodus" agiert.

Eine der wichtigsten und deutlichsten Spuren, die Gott in dieser Welt hinterlassen hat, ist die Bibel selbst. Sie ist streng genommen kein Buch, sondern eine kleine Bibliothek. Sie umfasst 66 Bücher, geschrieben von ca. 40 Autoren über einem Zeitraum von 1500 Jahren. In der Bibel finden wir etliche Episoden und Geschichten, in denen Gott ganz bewusst den Schleier zwischen sich selbst und dem Menschen beiseiteschob, um bestimmte Dinge anzusprechen. Dabei ging und geht es ihm in erster Linie nicht darum, uns mit fortschrittlicher und neuartiger Technik auszurüsten, damit wir unser Leben mit Hilfe dieser Instrumente und Maschinen aus eigener Kraft besser in den Griff bekommen. Es ging und geht ihm auch nicht darum, uns bessere und effektivere Wege aufzuzeigen, wie wir unser Leben optimaler organisieren können.

Wenn wir die Bibel aufschlagen und darin zu lesen anfangen, entdecken wir, dass es Gott um etwas grundlegend Anderes geht, nämlich wie wir wieder in eine echte und erfüllte Beziehung zu ihm selber kommen können. Genau dafür ist die Bibel geschrieben worden und dazu möchte ich dich beim Lesen der nächsten Kapitel einladen. Dabei beginnen wir mit der Betrachtung einer der provokantesten Personen aus unserer Weltgeschichte: Jesus!

KAPITEL 3

Wer war Jesus?

 Nur die wenigsten Menschen denken noch, dass Jesus nie gelebt hat, oder dass er eine Märchenbzw. Fantasiefigur wie Rumpelstilzchen oder Spiderman war.

Einige glauben, dass er ein großartiger Lehrer oder Philosoph gewesen ist, andere sehen in ihm einen typischen Wanderprediger seiner Zeit.

Wiederum andere halten ihn für einen begnadeten Wunderheiler, der es verstand die Massen zu faszinieren und eine verschworene Anhängerschaft hinter sich zu bringen.

Eine weitere Sichtweise ist die des missverstandenen Revolutionärs, der die herrschende und privilegierte religiöse Oberkaste dermaßen verärgerte, dass sie ihn hinrichten ließ.

Doch was sagten die Menschen seiner Zeit, die ihn hautnah miterlebten und die ihn wohl am besten kannten? Und zuletzt, was sagte er selber dazu, wer er war?

Wenn wir die zentralen Aussagen, die uns aus der Feder der Zeitzeugen überliefert sind, näher in Augenschein nehmen, dann fällt auf, dass es in *erster Linie nicht um ethisch-moralische Ansichten geht*, die Jesus vertrat, sondern der Kernpunkt der Lehre Jesu dreht sich um *seine eigene Person*. Die meisten spirituellen Lehrer und Religionsgründer weisen von sich weg auf Gott, der uns bestimmte Verhaltensweisen, als auch konkrete spirituelle Übungen ans Herz legt, nach denen wir uns ausrichten sollen. Doch wenn Jesus sich auf Gott bezog, verwies er oft im gleichen Atemzug ebenso auf sich selbst. Das ist ein feiner, aber erheblicher Unterschied.

Jesus begegnete den Menschen mit ihren Nöten und Sehnsüchten in erster Linie eben gerade nicht mit einem ausgefeilten Verhaltenskodex, wie z.B. den zehn Geboten. Das bedeutet nicht, dass die 10 Gebote und viele andere Empfehlungen im Prinzip schlecht sind. Im Gegenteil. Jesus ging und geht es aber in erster Linie nicht um das richtige Befolgen von Geboten und Regeln, wie etliche vielleicht denken. Das mag erstmal überraschen, ist aber von gravierender Bedeutung. Die Frage ist dann, um was es Jesus vor allem ging?

Jesus sah unter die Oberfläche und blickte hinter die Kulissen der Menschen, denen er begegnete. Er erkannte und sah die unerfüllte Sehnsucht nach echtem Leben, nach Sinn, nach Liebe und Bedeutung. Dann folgte von ihm sogleich im selben Atemzug das provokante Statement: *„Ich bin das Brot des Lebens!"* (Johannes 6,35) Was meinte er damit? Solch eine Aussage deutet daraufhin, dass er selber als Person in der Lage war, dieses Verlangen zu stillen. Er sah die Menschen in ihrem Hunger nach Erfüllung und seine Botschaft hierzu war: Ich werde euren Hunger stillen, wenn ihr damit zu mir kommt. Ich kenne euch, ich weiß, was ihr braucht. Wendet euch mit euren Bedürfnissen an mich, was es auch immer ist. Ich habe die Möglichkeiten und das Potential eurer Not zu begegnen.

Etliche Menschen sind heute von Ängsten, Verzweiflung und Depressionen geplagt. Jesus gab dazu keine Rezepte oder therapeutischen Ratschläge, sondern verblüffte uns erneut mit dem Hinweis auf seine eigene Person: *„Ich bin das Licht der Welt!"* (Johannes 8,12) Wieder finden wir in dieser Aussage einen unüberhörbaren persönlichen Ruf, sich mit seiner Not an Jesus zu wenden. Wenn du nicht mehr weißt, wie es weitergehen soll, du keinen Plan mehr hast, alles in einem grauen Nebel verschwimmt, dann höre diese persönliche Einladung, mit deiner Desorientierung zu Jesus zu gehen. Er will deinem Leben wieder eine konstruktive Ausrichtung geben – eine individuelle Perspektive für dich ganz persönlich.

Im Umgang mit der ungelösten Frage nach dem Tod setzte er sich selber ein weiteres Mal in den Mittelpunkt des Geschehens mit der provozierenden

Aussage*: „Ich bin die Auferstehung und das Leben!"* (Johannes 11,25) Unsere Sicht des Lebens endet spätestens dort, wo wir dem Tod gegenüberstehen. Wir haben in der Regel keinen Plan oder irgendeine Perspektive, die darüber hinausgeht. Jesus aber stellt in dieser Aussage klar heraus, dass der Tod für ihn nicht mehr das letzte Wort hat, sondern dass er ihn überwunden hat.

Wer würde so etwas Krasses von sich behaupten wollen? Eigentlich nur ein Irrer, der sie nicht alle beisammen hat, oder?

Doch Jesus setzte noch einen obendrauf. An einer weiteren uns überlieferten Stelle im Johannesevangelium sprach er es selber aus: *„Ich und der Vater sind eins!"* (Johannes 10,30)

Und hier kommen wir zum springenden Punkt. Jesus war nicht nur ein guter Mensch und ein hervorragender Lehrer, sondern *Er beanspruchte Gott gleich zu sein.* Er behauptete sogar: **„Wer mich sieht, hat den Vater gesehen."** (Johannes 14,9)

Jesus erhob also den Anspruch Gott oder zumindest Gott gleich zu sein. Das ist zugegebenermaßen keine leicht verdauliche Kost. Da schließt sich natürlich sofort die Frage an, ob so etwas denn überhaupt denkbar ist? Viele Menschen behaupten alles Mögliche, bevölkern die psychiatrischen Kliniken und behaupten, sie wären Gott, Jesus, John Lennon oder Adenauer.

C.S. Lewis[1], ein irischer Literaturwissenschaftler und Schriftsteller, führt uns aufgrund dieses Anspruches in folgende Überlegungen:

1. Möglichkeit:

Jesus war ein **Spinner** mit einem überhöhten narzisstischen und egozentrischen Gottesanspruch – dazu passt allerdings ganz und gar nicht sein vorbildlicher Charakter sowie seine integre Persönlichkeit.

2. Möglichkeit:

Er war ein **bewusster Lügner** und hat seine Anhänger absichtlich hinters Licht geführt. Dazu passt allerdings nicht, dass er für seine vorgetäuschten Überzeugungen einen schrecklichen Märtyrertod starb. Wenn das so war, dann wäre er eher ein Irrer.

Die dritte Möglichkeit ist: Er war in der Tat **Gott**.

Wenn Jesus also den Anspruch erhob, Gott zu sein, dann konnte er nicht gleichzeitig ein großartiger Lehrer, ein tiefgründiger Philosoph oder ein begnadeter Wunderheiler sein, der lediglich auf Gott hinwies.
So bleiben im Grunde genommen nur folgende zwei Möglichkeiten: Entweder war er ein Irrer, der seinen Jüngern etwas vormachte, oder aber er war tatsächlich Gott, der Gott, der Mensch wurde.

---

[1] *C.S. Lewis: „Pardon, ich bin Christ!"* 18. Auflage, Basel 2006, S. 56

Eine andere Alternative hat uns Jesus einfach nicht gelassen, wenn wir uns seine Aussagen ehrlich und aufrichtig vor Augen führen.

Es bleibt allerdings die Frage, wenn er wirklich Gott war, warum er sich nicht nachdrücklicher und unübersehbar mit seinen unbegrenzten Möglichkeiten in das Leben der Menschen auf diesem Planeten eingemischt hat? Warum kam er eher unscheinbar und mit leisen Sohlen in diese Welt und war so für die meisten Menschen als der ewige Gott kaum zu erkennen? Dieser geheimnisvolle Charakterzug von IHM hat sich auch seit 2000 Jahren bis zum heutigen Tag in keinster Weise verändert.

Jesus, der Gott, der auf die Erde kam, hätten doch unermessliche Mittel zur Verfügung gestanden, um die Menschen nachhaltig und offenkundig zu beindrucken? Dies machte er jedoch gerade nicht, wie wir gleich sehen werden, sondern er wählte einen ganz anderen Weg.

KAPITEL 4

Der getarnte Gott

Es gibt nur wenige Menschen, die glauben, dass Jesus nie gelebt hat, denn dazu sind die Spuren, die er auf unserem Planeten hinterlassen hat, doch zu ausgeprägt. Selbst Quellen außerhalb der Bibel bescheinigen seine Existenz, wie der jüdische Historiker Josephus Flavius [ca. 37 – ca. 100 n.Chr.], der römische Historiker Publius Cornelius Tacitus [ca. 55 – ca. 115 n.Chr.] und Plinius, der Jüngere [ca. 62 – 113 n.Chr.] als Statthalter von Bithynien. Sogar unsere gesamte Zeitrechnung richtet sich in ihrer Zählweise nach Jesus Christus und vor Jesus Christus aus.

Wir können also davon ausgehen, dass in der Tat seine Füße über unseren Planeten gewandert sind. Doch warum ist das so wichtig?

Es ist deshalb von Bedeutung, weil genau dieser Jesus behauptet hat, dass er der ist, der die Grenze, die Himmel und die Erde trennt, überwunden hat, und damit den Ereignishorizont zwischen diesen beiden Realitäten überquert hat. Und das nicht mit Pauken und Trompeten, sondern eben eher leise, unauffällig und unscheinbar.

Paulus schreibt in seinem Brief an die Philipper ca. im Jahre 60 n. Chr. später erklärend dazu: *„Er war in allem Gott gleich, und doch hielt er nicht daran fest, zu sein wie Gott. Er gab es willig auf und wurde einem Sklaven gleich. Er wurde ein Mensch in dieser Welt und teilte das Leben der Menschen."* (Phil. 2,6+7 – „Die Gute Nachricht")

Johannes, ein enger Vertrauter von Jesus, ergänzt diese Aussage in den ersten Zeilen seiner Niederschrift über das Leben Jesu: *„Er war bei Gott und in allem Gott gleich ... und wurde ein Mensch, ein wirklicher Mensch von Fleisch und Blut.* (Johannes 1,1+14 – „Die Gute Nachricht")

Dieses Ereignis feiern wir übrigens jedes Jahr am 24. Dezember: Es ist das Weihnachtsfest, der Geburtstag von Jesus.

Jetzt nehmen wir hier doch einmal kurz das Leben von Jesus unter die Lupe und schauen es uns etwas genauer an: Es begann damit, dass er in einem versteckten Winkel der Erde als ein unscheinbares Baby in einem verdreckten Stall in Bethlehem zur Welt kam. Dieses bedeutungsvolle Ereignis ging nun völlig unspektakulär über die Bühne, denn bis auf die Hirten, eine Handvoll anderer Personen und die

Weisen aus dem Morgenland schien das niemand mitbekommen zu haben. Nachdem er in dem kleinen Dorf Nazareth aufgewachsen war, wird er der Tradition seiner Zeit folgend Zimmermann, wie sein Vater Josef. Bis zu seinem 30. Lebensjahr lebte er ein öffentlich völlig bedeutungsloses Leben in Galiläa. Danach sammelte er ein paar einfache Männer, seine Jünger, um sich und versuchte ihnen mehr oder weniger erfolgreich zu vermitteln, was ihm auf dem Herzen lag. Er heilte Kranke und Lahme, vollbrachte ein paar Wunder, lud sich bei verhassten Menschen wie Steuereintreiber zum Essen ein und ließ sich von Huren die Füße küssen. Er lehrte die Jünger wie das Volk meisterhaft mit Gleichnissen und Geschichten über das Reich Gottes. Schließlich brachte er die religiöse Elite gegen sich auf, da er sich ihnen gegenüber als Gott bzw. Gottes Sohn zu erkennen gab. Daraufhin wurde er im Jahre 33 durch eben diese religiöse Oberkaste als Gotteslästerer hingerichtet und starb einen qualvollen Tod am Kreuz, dem gefürchteten und schrecklichen Marterpfahl der damaligen römischen Besatzungsmacht, der ausschließlich für Schwerverbrecher reserviert war.

Das schien das Ende seiner Karriere zu sein, doch nach drei Tagen geschah das Unfassbare: Aus seinem bewachten und abgesperrten Felsengrab stand er von den Toten auf, zunächst völlig unbemerkt. Doch dann zeigte er sich als Erstes einer Frau, Maria Magdala, die ihn zuerst für den Gärtner hielt. Sie fragte ihn, wo sie denn den Leichnam Jesu hingebracht hätten. Als Maria ihn dann schließlich doch erkannte, rannte sie sofort zu seinen Jüngern und berichtete ihnen, dass sie den Herrn gesehen hätte: Er wäre auferstanden!! Die Jünger glaubten ihr kein Wort, bis Jesus selber bei einer anderen Gelegenheit sich ihnen demonstrativ zeigte. Thomas, einer von den Jüngern, war zufälligerweise bei diesem Wiedersehen nicht anwesend. Er nahm den anderen Jüngern nicht das Geringste ab, als sie ihm weis machen wollten, Jesus wäre auferstanden. Er war ein typischer Skeptiker und ließ die anderen Jünger seine Zweifel wissen: „Hey, Jungs – ich werde es solange nicht glauben, bis ich die Spuren von den Nägeln an seinen Händen gesehen habe. Ich will zuerst mit meinen Fingern die Spuren von den Nägeln fühlen und meine Hand in seine Seitenwunde legen." Eine Woche später besuchte Jesus nochmals seine Jünger. Er tauchte wie aus dem Nichts mitten unter ihnen auf, obwohl die Türen verschlossen waren. Danach wandte er sich unverzüglich an Thomas: „Reiche deinen Finger her und sieh meine Hände und reiche deine Hand her und lege sie an meine Seite", und Thomas konnte nur noch stammeln: „Mein Herr und mein Gott!"

In den folgenden Tagen zeigte er sich noch ein paarmal seinen Jüngern, plauderte und aß mit ihnen und verschwand letztendlich nach 40 Tagen wieder in den Himmel. Wenn wir eine Überschrift über das Leben von Jesus finden müssten, könnte man diese in folgenden drei Worten zusammenfassen: *Der getarnte Gott!*

Nach seinem Verschwinden in den Himmel legte er die PR (Public Relation bzw. Werbung) für seine

Anliegen uneingeschränkt in die Hände dieser kleinen, bunt zusammengewürfelten Truppe, eben seine Jünger. Ist das nicht eine seltsame Strategie für einen allmächtigen Gott? Jeder Werbefachmann würde heute andere und wirkungsvollere Maßnahmen vorschlagen, um möglichst viele Menschen mit den Möglichkeiten, die dem Allmächtigen ja ohne Zweifel zur Verfügung stehen, zu erreichen.

Interessanterweise tut er dies gerade nicht! Er schreibt nicht in großen Buchstaben seine Botschaften in den Himmel. Er lässt kein Feuer vom Himmel fallen, er greift nicht auf massive und nachdrückliche Weise hier auf unserem Planeten ein, so dass die Menschen tief beeindruckt wären. Stattdessen rüstet er eine kleine Truppe mit seiner Liebe, seinem Mut und seinem unerschütterlichen Vertrauen aus und gibt ihnen eine elementare Botschaft ins Herz, die sie über diesen ganzen blauen Planeten tragen sollen.

Diese Botschaft ist der Kern von Gottes Plan für diese Welt und es ist für uns Menschen von hoher Wichtigkeit, darüber Bescheid zu wissen. Die meisten Menschen, die ich getroffen und kennengelernt habe, haben sie weder gehört noch verstanden. Aus diesem Grunde habe ich diese Zeilen, dieses Buch geschrieben, um dir auf den nächsten Seiten die zentralen Aussagen dieser Botschaft sowie ihre gravierende Bedeutung für dich ganz persönlich vor Augen zu führen.

KAPITEL 5

Die Botschaft

Wenn ich Menschen auf der Straße interviewe und dann im Gespräch nachfrage: „Was glauben Sie, ist die zentrale Botschaft der Bibel?", dann sagen etliche: „Wir sollen einander lieben!" Das ist ja nicht falsch, es ist einer ihrer vielen Aussagen, aber nicht die primäre Kernbotschaft. Die Kernbotschaft der Bibel ist eine ganz andere und hat zwei Seiten, die untrennbar miteinander verwoben sind wie die zwei Seiten einer Münze. Dabei steht auf der einen Seite die *„Schlechte Nachricht"* – und auf der anderen Seite die *„Gute Nachricht"*.

Jesus mutet uns beide Seiten dieser Botschaft zu.

Die „Schlechte Nachricht":

Diese lässt sich kurz in wenigen Sätzen zusammenfassen: Gott hat die Menschen als wirkliche Persönlichkeiten mit einem freien Willen geschaffen und ist damit ein echtes Risiko eingegangen. Ein Risiko, dass sie Wege wählen, die ihnen mehr schaden als nützen. Genau das ist leider geschehen. Auf den ersten Seiten der Bibel erfahren wir, dass die Menschen sich von Gott abgewandt und ihre eigenen Wege gewählt haben. Gott spielt in ihrem Leben keine Rolle, oder wenn – dann nur eine Nebenrolle. Die Empfehlungen und Anordnungen Gottes werden ignoriert oder sind gar nicht mehr bekannt. Dies fängt mit der vielbelächelten Geschichte vom Sündenfall im Garten Eden an und hat ihre Spur von Blut, Schweiß und Tränen durch die ganze Menschheitsgeschichte gezogen: vom Brudermord des Abel über den Holocaust des II. Weltkrieges bis hin zu den Gräueltaten der IS-Terroristen der Gegenwart. Gottes Urteil über die Menschen fällt sogar noch dramatischer aus. Im Römerbrief in der Bibel schreibt der Apostel Paulus: *„Da ist keiner, der gerecht ist – auch nicht einer!"* (Römer 3,10) Also, alle haben irgendwo Dreck am Stecken – ohne Ausnahme. Einige mehr, andere weniger. Das Problem an der ganzen Sache ist, dass es für Gott keine große Rolle spielt, ob einer mehr oder weniger Dreck am Stecken hat. Gott ist absolut heilig, vollkommen gerecht und ohne Fehl. Aus seiner Sicht, so lässt uns die Bibel wissen, sind alle gleichermaßen Sünder, da alle ohne Ausnahme Dreck am Stecken haben. Vielleicht gehörst du zu den Menschen, die sich im Großen und Ganzen einigermaßen O.K. fühlen. Womöglich empfindest du sogar, dass dir hier eine Art Schuldkomplex angehängt werden soll. Du gehst in dich und dir fällt nichts ein, was Gott irgendwie tiefer hätte aufregen können. Schließlich hast du ja keinen umgebracht oder Ähnliches dir geleistet.

Aber werden wir doch einmal ganz ehrlich und wagen einfach hier kurz einen Blick in den Spiegel: Wann haben wir das letzte Mal die Wahrheit ein bisschen verbogen, um etwas besser vor den anderen dazustehen? Wann haben wir uns nicht schon über irgendeine Nervensäge geärgert und sie am liebsten auf den Mond gewünscht? Wo haben wir unseren Groll gegenüber unserem Chef oder einer anderen Person weiter und weiter gepflegt, als diese uns empfindlich verletzt hat?

Keiner hat eine völlig weiße Weste! Das ist die „schlechte Nachricht". Ein kleines „Staubkorn" auf dieser Weste reicht sogar schon aus, dass wir Gottes hohen Ansprüchen nicht mehr genügen. Er ist für uns Menschen unerreichbar. Ethisch wie räumlich. Er wohnt im Licht – und da ist kein Schatten von Dunkelheit. Wir leben hier auf diesem Planeten Erde – und Gott im Himmel scheint sich nicht darum zu kümmern, dass hier unten so ziemlich alles drunter und drüber geht. Aber ist das wirklich so? Lass uns doch noch einmal genauer hinschauen, was wir aus der Bibel erkennen können und sehen uns die andere Seite der Nachricht an:

Die „Gute Nachricht":

Glücklicherweise gibt es ja noch diese andere Seite der Medaille: Die „Gute Nachricht"! Gott ist nicht nur absolut heilig und gerecht, sondern in der Bibel lesen wir auch: **„Er ist Liebe".** (1. Johannes 4,16) Das ist unser Glück. Und aus dieser Liebe heraus hat Gott für uns einen Weg geöffnet, wie wir wieder in eine persönliche, aufrichtige und erfüllte Beziehung zu ihm zurückkommen können. Dies gilt auch, selbst wenn wir uns von ihm abgewandt und mehr oder weniger Dreck am Stecken haben.

Was ist das für ein Weg? Im Kern dieser Botschaft geht es eben nicht mehr darum, sich so anständig wie möglich zu benehmen und ab einem bestimmten Level sagt Gott dann O.K. oder drückt mal ein Auge zu. Dieser Weg ist nicht nur eine Nummer, sondern etliche Nummern zu groß. Also, was ist denn jetzt die „Gute Nachricht"? Eine fiktive Geschichte kann uns an dieser Stelle helfen, das besser zu verstehen.

Zwei Freunde studieren zusammen Jura und unternehmen viele Dinge gemeinsam. Der eine schafft sein Examen hervorragend, der andere rasselt mehrmals durch die Prüfung und hängt das Studium an den Nagel. Schließlich gerät er auf die schiefe Bahn und verdient seinen Lebensunterhalt mit zweifelhaften Methoden und kommt auf keinen grünen Zweig. Der andere wird Richter. Nach dem Studium verlieren sie sich für viele Jahre aus den Augen.

Nach einer Zeit von über 20 Jahren treffen sie sich wieder: im Gerichtssaal. Tom, der ehemals gescheiterte Jurastudent, mal wieder völlig mittellos, ist bei einem Einbruch mit Körperverletzung erwischt worden und sitzt auf der Anklagebank. Frank, der jetzt der vorsitzende Richter des zuständigen Amtsgerichts ist, erkennt ihn sofort wieder, bei Tom allerdings gibt es erstmal kein Erkennungsreflex. Die Sachlage ist ziemlich eindeutig, so dass der Prozess zügig vorangeht. Der Richter weiß, dass er Frank zu einer saftigen Geldstrafe oder sogar Haft verdonnern muss, damit dem Recht genüge getan wird. Er kann ihn einfach nicht freisprechen, weil er sein Freund ist. Frank weiß aus den Akten ebenfalls, dass der arme Tom völlig mittellos ist. Aber er ist sein Freund. Was soll er bloß tun?

Schließlich verurteilt er ihn zu 10.000 Euro Geldstrafe bzw. alternativ zu einer entsprechend langen Gefängnisstrafe. Der Hammer fällt nieder. Die Sitzung ist geschlossen. Tom ist hundeelend zumute. Er weiß, dass er großen Mist gebaut hat. Frank steht nun von seinem Richterstuhl auf und geht auf Tom zu. „Hallo, Tom!" Als Frank Tom so begrüßt, erkennt der ihn plötzlich ebenfalls wieder: „Frank", kann Tom nur noch stammeln. „Ja, ich bin's tatsächlich" erwidert Frank, zückt sein Scheckbuch, füllt einen Scheck über 10.000 Euro aus und gibt ihm Tom. „Hier, ein Scheck … über 10.000 Euro … für deine Geldstrafe, dann brauchst du nicht ins Gefängnis." Tom treten die Tränen in die Augen: „Frank, dich schickt der Himmel, danke!" „Komm, lass uns im Pub nebenan einen trinken gehen … dann sehen wir *mal, wie es vielleicht weitergehen kann. Hast du Lust?"*, schlägt Frank vor und Tom geht gerne mit.

Na, da hat Tom aber noch mal Schwein gehabt, so denken auf den ersten Blick viele, wenn sie diese Geschichte hören oder lesen. Schauen wir aber noch einmal genauer hin:
In dieser fiktiven Geschichte spiegelt der Richter die Rolle Gottes wieder. Ihm ist es nicht egal, was mit Tom los ist. Er ist immer noch sein Freund. Dennoch kann er ihn nicht einfach freisprechen, sonst wäre er kein gerechter Richter mehr. Er muss Tom verurteilen, weil er Dreck am Stecken hat. Das ist die schlechte Nachricht. Die Bibel setzt sogar noch einen drauf: *„Der Lohn der Sünde ist der Tod!"* (Römer 6,23) *… so ist der Tod zu allen Menschen durchgedrungen, weil sie alle gesündigt haben".* (Römer 5,12) Also Todesstrafe – für alle. Eine echt schlechte Nachricht.
Die gute Nachricht aber ist jetzt: Gott bzw. **Jesus selber hat diese Strafe übernommen. Das war seine Mission**. Er hat gepredigt, Kranke geheilt, Wunder vollbracht, aber sein eigentlicher Auftrag war: *für uns die Strafe zu übernehmen*. Aus diesem Grund werden wir nachträglich freigesprochen, weil ein anderer für uns bezahlt hat: Jesus.

Ja, wenn das so ist, ist ja alles O.K., dann lasst uns weiterleben wie bisher … wir sind raus aus der Patsche.
Leider nicht ganz: Es gibt noch ein kleines, aber schwerwiegendes Problem. Der Scheck von Frank

oder im übertragenen Sinne der Freispruch von Gott wird nicht automatisch gültig. Jeder weiß: Ein Scheck in der Schublade zu Hause nützt noch nichts, er muss bei der Bank eingelöst und meinem Konto gutgeschrieben werden, erst dann wird er wirklich wirksam.

Gott hat in Jesus für alle Menschen einen Freispruch erwirkt. Er nützt erstmal niemanden! Ja, wie? **Der Freispruch muss von den Menschen** *angenommen* **werden, sonst geht er ins Leere.**

Der göttliche Richter fragt also die Menschen: Es gibt eine Begnadigung, eine Amnestie des Höchsten für dich, nimmst du sie an? Erst wenn sie klar und ohne Wenn und Aber angenommen wird, wird sie für dich gültig. Eine kleine, aber ungemein wichtige Tatsache.

Die nächste Frage schließt sich hier ganz natürlich an. Wie macht man das eigentlich? Ehe wir zu dieser kleinen, aber wichtigen Antwort unsererseits auf Gottes Angebot kommen, wollen wir uns die Kernbotschaft der Bibel nochmals aus einer anderen Perspektive anschauen: der „Schwimmerrallye".

Die Schwimmerrallye – eine Illustration

Die Illustration der Schwimmerrallye macht aus einem anderen Blickwinkel als das Gleichnis vom Gerichtssaal nochmal eindrücklich deutlich, was die Kernbotschaft der Bibel ist. Sie veranschaulicht auf einfache Art und Weise, wie sich beide Seiten dieser Botschaft, die schlechte wie die gute Nachricht zueinander verhalten und auf was es für dich hier ankommt:

Stellen wir uns jetzt einmal die Westküste der USA vor, z.B. bei San Francisco, und malen uns aus, dass sich an dieser Westküste die ganze Menschheit nebeneinander gereiht aufstellen würde.

In der untenstehenden Graphik greifen wir stellvertretend für diese Menschheit einfach mal 3 Exemplare heraus:

Auf der linken Seite gegenüber liegt nun Hawaii. Zwischen der Westküste der USA und Hawaii liegt fast der halbe Pazifische Ozean, also sehr viel Wasser. Die Distanz zwischen der Westküste der USA und Hawaii beträgt über 3000 km. Das ist schon eine stolze Entfernung.

Hawaii steht nun in unserer Überlegung für den Himmel, für die Ewigkeit, wo Gott wohnt.

Da stehen nun diese drei Menschen an der Westküste und wollen nach Hawaii, wenn sie denn wollen. Alles, was sie einsetzen dürfen und können, jedenfalls im Rahmen dieser Illustration, ist ihre eigene Kraft. Was könnten sie tun, damit sie Hawaii erreichen? Es bleibt eigentlich nur eines: Schwimmen.

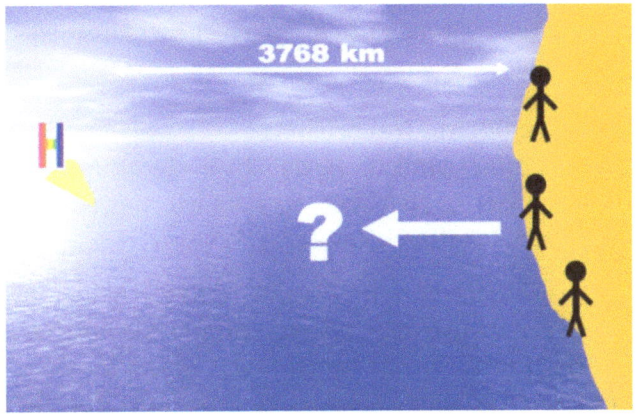

Fangen wir mit dem oberen Mann an, der unsere „Schwimmerrallye" nach Hawaii eröffnet. Stellen wir uns vor, es ist ein echter Sportsmann, der schon mehrere olympische Goldmedaillen in verschiedenen Schwimmdisziplinen sein Eigen nennt. Also, der legt nun los und schwimmt und schwimmt und schwimmt. Aber irgendwann geht auch ihm die Puste aus. Wie viele km würde er insgesamt wohl schaffen? Geben wir ihm mal maximal 200 km, dann ist es selbst bei so einem Schwimm-As aus und vorbei.

Schauen wir uns den zweiten Typ an. Das bin ich, zurzeit etwas außer Form, ich fange schon nach 1 km an, Wasser zu schlucken, und nur wenig später bin ich dann am Ende meiner Kräfte.

Der dritte Mann oder Frau bist du. Wie viele km gibst du dir auf der Strecke nach Hawaii? Vielleicht ein paar mehr, vielleicht aber auch ein bisschen weniger als ich, aber dann ist auch dein Versuch, Hawaii schwimmend zu erreichen, gescheitert.

Die „Schlechte Nachricht":

Es ist offensichtlich: Hawaii bzw. der Himmel ist einfach viel zu weit weg, als dass wir dies aus eigener Kraft schaffen könnten.

Wir müssen nun im Rahmen dieser Illustration verstehen, *dass die zurückgelegte Schwimmstrecke nach Hawaii in der realen Welt einen moralisch-ethischen Maßstab widerspiegelt.* Aus der Bibel wissen wir, dass dieser Maßstab derart hoch hängt, dass ihn keiner erfüllen könnte. Dort heißt es auch: *„Keiner kann vor Gott bestehen, auch nicht einer."* [Römer 3,10+12b – „Die Gute Nachricht"]

Das ist in dieser Illustration die Situation des Menschen, wie sie die Bibel beschreibt, und wir sehen wieder, wie bei dem Beispiel des Richters, erstmal diese ausgesprochene „schlechte Nachricht", aber das ist glücklicherweise nicht das letzte Wort.

Die „Gute Nachricht"

Gott ist im Himmel und sieht natürlich unsere prekäre Lage. Und jetzt kommt die „Gute Nachricht": Gott ist Liebe! Und in dieser Liebe hat ER sich etwas einfallen lassen. ER hat vor über 2000 Jahren die Entfernung zwischen Himmel und Erde überbrückt. ER kam in diese Welt – in unserer Illustration ist das dieses Boot hier – und wurde Mensch: der Gott-Mensch Jesus Christus.

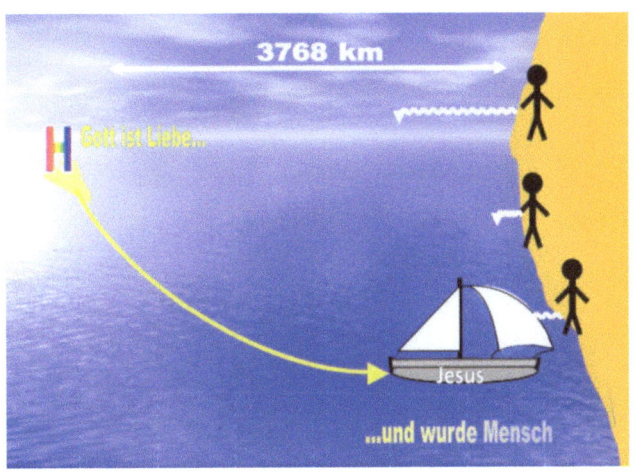

Und Jesus, dieser menschgewordene Gott, hatte eine zentrale Botschaft, eine Einladung im Gepäck: „Hey, ihr Schwimmer nach Hawaii, ihr, die ihr nicht mehr weiter könnt, und ihr, die ihr noch gar nicht angefangen habt ... **ihr habt noch eine Chance nach Hawaii zu kommen: Steigt bei mir ein, denn:**

„Ich bin der Weg, die Wahrheit und das Leben. Niemand kommt zum Vater, denn durch mich! (Johannes 14,6)

Die Maßstabsfrage, die Entfernung zwischen Himmel und Erde, die erledige ich, das ist mein Problem."

Es gibt nun, im Rahmen dieser Illustration, eine neue Chance! Hier ist nun eine echte Möglichkeit, diese Entfernung nach Hawaii bzw. zum Himmel zu überbrücken: nämlich in das Boot zu steigen!

Das ist nun eine ganz andere und neue Perspektive, als sich weiter abzumühen, Hawaii schwimmend zu erreichen, was ja schon im Ansatz vergeblich erscheint. Es ist aus dieser Darstellung unmittelbar einsichtig: Wie viel du dich auch abmühst, wie viel du Gutes tust, wie viel du immer auch in die Waagschale wirfst, es wird nicht reichen, dass du diese Wegstrecke aus eigener Kraft schaffen könntest. Ohne das Boot, ohne Jesus ist es vergeblich.

Übrigens, nebenbei bemerkt, gibt es im Rahmen dieser Illustration einen entscheidenden Unterschied zwischen dem christlichen Glauben und den anderen Weltreligionen. Die Religionen geben im Sinne dieser Illustration mehr oder weniger guten „Schwimmunterricht", der christliche Glaube dagegen ist eine Einladung, ins Boot zu steigen.

Es bleibt für uns noch eine entscheidende Frage zu klären: Wie komme ich auf das Boot, oder wie steige ich bei Jesus ein? Wie geht das in der realen Welt?

Dazu sagt Jesus an einer anderen Stelle ganz einfach dazu:

„Wer zu mir kommt, den werde ich nicht hinausstoßen."

(Johannes 6,37)

Eine modernere Übersetzung drückt diese Schlüsselaussage von Jesus mit folgenden Worten aus:

„Ich werde keinen abweisen, der zu mir kommt!"

(Johannes 6,37 Die Gute Nachricht)

Dies ist eine persönliche Einladung von Jesus an dich!

In dieser Einladung steht übrigens überhaupt nichts von irgendeiner Vorbedingung drin, die du zu erfüllen hättest. Sie ist universell und gilt allen Menschen, die sich darauf einlassen: Armen und Reichen, Fitten und Kranken, Rentnern und Studenten, Arbeitslosen und Großverdienern, Verbrechern und Polizisten, Kindern und Greisen, keiner ist ausgenommen.

Wie geht man normalerweise mit einer Einladung um? Man kann sie ignorieren, für unwichtig empfinden, ablehnen oder einfach vergessen. Damit verliert sie ihre Wirksamkeit.
Eine Einladung wird erst dann wirklich wirksam, wenn ich mich dazu äußere und sie auch annehme.

Nun, wie nimmt man eine Einladung an? Indem wir den Einladenden wissen lassen: „Ich bin dabei!", oder: „Ich komme, du kannst mit mir rechnen!" Manchmal unterstreichen wir dies sogar mit einer schriftlichen Bestätigung, einer Karte, auf die wir unsere Antwort, wie z.B. so ausdrücken: „Ja, ich komme zu deiner Hochzeit und ich freue mich, dein Gast zu sein!"

Jesus wartet auf dich, dass du dich zu seiner Einladung äußerst. Wenn du fühlst, das ist jetzt genau das, was für dich nun dran ist, dann kannst du ihm das ganz einfach mit deinen eigenen Worten sagen, indem du das Buch zur Seite legst und ihm das sagst, was dir zu dieser Einladung in den Sinn kommt.
Dies nennt man übrigens auch beten …

Es kann aber auch sein, dass du dich zu dieser Einladung im Augenblick noch nicht äußern möchtest. Vielleicht willst du erst noch weitere Fragen abklären oder mehr Informationen über Jesus oder die Bibel bekommen? Wenn dies so ist, dann überschlage einfach die nächsten Seiten und lese in Kapitel 6 weiter.

Es kann auch sein, dass du dich sicherer fühlst, dich mit einem vorformulierten Text zu dieser Einladung zu äußern, dann kannst du z.B. folgende Worte nehmen:

„Lieber himmlischer Vater, ich nehme die Einladung, die Jesus für die Menschen ausgesprochen hat, jetzt dankbar an. Ich steige, Jesus, jetzt bei dir ein und vertraue dir. Ich will dir nicht weiter den Rücken zukehren oder dich links liegen lassen, sondern ich will mich mit meinem Leben auf dich einlassen. Bitte hilf mir dabei."

Wenn du diese Einladung aufrichtig und ehrlich angenommen hast, dann beglückwünsche ich dich. Du bist freigesprochen, du bist nun mit Jesus verbunden, du bist mit ihm im Boot und ein neues Leben mit Jesus hat begonnen.

Du fragst dich jetzt vielleicht: Ich fühle mich aber gar nicht anders als vorher, ich habe kein Herzklopfen, keinen Schweißausbruch und keine ekstatische Erfahrung. Es scheint sich nichts verändert zu haben.

Ich versichere dir: Es ist etwas grundlegend Neues mit deinem Leben passiert. Es ist wie beim Standesamt, wenn sich das Brautpaar das Jawort fürs Leben gibt. Einer hat Herzklopfen, der andere nicht. Der eine schwebt auf Wolke 7, der andere fühlt „nur" einen tiefen Frieden. Beim nächsten Paar versagt dem einen Partner fast die Stimme und er bringt kaum das Jawort über die Lippen, während der andere die Augen emporhebt und voll strahlender Gewissheit das Ja zum Himmel ausposaunt.

Entscheidend ist nicht, wie du dich fühlst, sondern was du wirklich gemeint hast. Es kann durchaus mit einem juristischen Akt verglichen werden. Dort wird der Sachverhalt schriftlich fixiert und mit Datum und Unterschrift versehen. Es ist denkbar, dass so etwas für dich eine Hilfe ist. Schreibe dann einfach dein Gebet, dein Ja zu Jesus und seiner Einladung auf ein Blatt Papier und signiere es anschließend mit Datum und Unterschrift.

KAPITEL 6

Warum getarnt?

Ehe wir zu der Frage kommen, warum Gott eher auf leisen Sohlen und gewissermaßen mit Tarnkappe agiert, fassen wir nochmals kurz zusammen, was wir auf den vorhergehenden Seiten beschrieben haben.

Im christlichen Glauben geht es in erster Linie nicht um ein religiöses Leistungsprinzip oder darum, einen bestimmten Verhaltenskodex zu erfüllen, sondern die Einladung Jesu anzunehmen, der das alles für uns erledigt hat. Es ist eine Amnestie, die nur noch im Glauben angenommen werden muss, damit sie wirksam wird.

Die bewusste Annahme dieser Einladung ist der Anfang einer Reise in den christlichen Glauben, der nun mit einer wachsenden Beziehung zu Jesus selber einhergeht. Dies bedeutet auch, dass wir auf dieser Reise Jesus mehr und mehr kennenlernen.

In diesem Prozess des Kennenlernens enttarnt sich nun auf eine ganz persönliche Weise sehr behutsam Schritt für Schritt dieser Gott, der sich in dem Menschen Jesus verbarg.

Dies geschieht auf eine Weise, dass wir nicht überfordert werden, sondern so, dass wir gut damit umgehen können. Indem wir der Einladung folgen, in das „Boot" zu steigen, das uns sicher ans Ziel bringt, lassen wir uns auf das Abenteuer einer persönlichen Beziehung mit dem lebendigen Gott ein.

Ebenso verhält es sich mit dem Gleichnis aus der Perspektive von dem Gerichtssaal. Mit der Annahme des Geschenkes einer umfassenden Amnestie ist eine Beziehung zu dem Geber dieses Geschenkes verknüpft. Indem wir diese Amnestie annehmen, nehmen wir auch Jesus an. Beim christlichen Glauben geht es also nicht nur um die Annahme der Amnestie, sondern auch um den Beginn einer Beziehung zu einer lebendigen Person: Jesus!

Diese Annahme kann zu jeder Zeit als auch an jedem beliebigen Ort geschehen, wie z.B. auf einem einsamen Spaziergang, zu Hause, in der Kirche, in Anwesenheit eines Freundes oder in einem Gottesdienst etc. Es ist kein „heiliger" Ort oder auch keine bestimmte Zeit nötig, damit diese Annahme wirksam wird.

Für Manche ist es hilfreich, ihre Antwort auf diese Einladung mit einigen Worten aufzuschreiben und sie wie bei einem Scheck mit Datum und Unterschrift zu versehen. So können sie schwarz auf weiß sehen, was sie mit ihrem Herzen ausdrücken wollten. Gott sieht allerdings direkt in unser Herz und braucht das nicht, aber für uns Menschen ist so eine Niederschrift manchmal eine echte Hilfe und eine gute Erinnerung.

Mit dem Erkennen und Verstehen wie auch der Annahme dieser Botschaft wird es von nun an Schritt für Schritt immer deutlicher, warum Gott nicht seine „Muskeln" spielen lässt, um die Menschen zu beeindrucken und für seine Absichten zu gewinnen. Gott legt keinen Wert darauf, uns zu imponieren. *Er will Beziehung*. Eine echte und aufrichtige Beziehung verzichtet auf jegliches Imponiergehabe. Er ist die reine Liebe, die sich nicht in den Mittelpunkt stellt und mit imposanten und spektakulären Zeichen und Wundern Gehör verschaffen will. Das hat er gar nicht nötig.
Gott ist Liebe (1. Joh. 4,16) ... und weil ER so ist, will ER uns weder manipulieren, noch dominieren, noch gängeln. Er will Beziehung, die nicht auf Dominanz oder Überlegenheit beruht, sondern auf Liebe und totaler Freiwilligkeit. Die Liebe macht keine protzige PR, keinerlei große Reklame, stattdessen wirbt sie auf leisen Sohlen für ihr Anliegen. An vielen Stellen in der Bibel werden wir aufgefordert, Gott zu suchen, dann wird er sich von uns auch finden lassen. Er hat gerade so viel an Spuren in diese Welt gelegt, dass wir immer auch sagen können: Das lässt sich ebenso anders deuten, als dass es Gott gibt. Gott

drängelt sich nicht auf, sondern ER wartet, dass wir uns zu IHM aufmachen, dann kommt ER uns entgegen. Aus diesem Grunde verzichtet ER auf eine massive PR Kampagne, stattdessen benutzt ER ganz einfache Typen, wie damals die Jünger, eine bunt zusammengewürfelte Truppe mit ganz unterschiedlichen Charakteren und Bildungshintergrund. Das hat sich bis heute nicht geändert. Manchmal durchbricht ER dieses Muster und tut in der Tat Wunder, aber das ist eher die Ausnahme als die Regel. Er sucht nicht Menschen, die ihm aufgrund seiner Macht oder Dominanz nachlaufen, sondern weil sie ahnen und dann erleben, dass hier echte Liebe auf sie wartet, die nicht dominiert, sondern sich wirklich für sie interessiert und sie respektiert.

Und dasselbe Prinzip, gerade nicht mit „Macht und Herrlichkeit" Eindruck zu schinden, gilt auch für seine Menschen, die ihn angenommen haben. Sie bekommen eben keinen sichtbaren Heiligenschein verpasst. Sie erleben ebenso Leid wie Freude, wie die anderen Menschen auch. Aber tief in ihrem Inneren hat Gott seinen Anker in ihre Herzen gelegt und manchmal bricht dieses innere Geheimnis Gottes – Christus in uns – nach außen auf und wird nicht nur für uns selbst, sondern auch für andere sichtbar, so dass wir ins Staunen kommen. (siehe auch auf S. 108, „Sind Wunder möglich"?)

Der zweite Grund ist, dass Gott den „Job" keineswegs alleine tun will. Stattdessen will ER Menschen an seinem Werk beteiligen. Er sucht keine Zuschauer, die IHM Beifall klatschen, sondern Menschen, die mitmachen. Es ist kaum zu glauben, aber das ist Gottes Anliegen. Er möchte das Unternehmen: „Rettung der Menschheit" keineswegs im Alleingang durchziehen, sondern schaut nach Menschen aus, die sich dafür zur Verfügung stellen. Er sucht ganz normale Leute hierfür, so Typen wie dich und mich und legt die weitere Verbreitung der „Guten Nachricht" in unsere Hände und Füße und Herzen. Dabei nimmt er in Kauf, dass wir in diesem „Job" gegenüber z.B. dem Erzengel Gabriel nicht besonders gut aussehen. Doch so ist Gott. Er hatte schon immer ein Faible für die „Loser", für die Leute am unteren Ende der gesellschaftlichen Skala. Die sind für ihn genauso wertvoll wie die anderen am oberen Ende, die oftmals leider an seinem Angebot vorbeigehen, da sie so sehr mit ihren eigenen Angelegenheiten beschäftigt sind.

Auf diese Weise kann vielleicht erst einmal der Eindruck aufkommen, Gott würde sich für uns nicht interessieren, doch das Gegenteil ist der Fall. Gerade, weil Gott echte und aufrichtige Beziehungen zu uns haben will und uns in die Partnerschaft und Mitwirkung hineinruft, kann der Eindruck entstehen, dass Gott diesem Planeten den Rücken zugewandt hat. Das liegt dann allerdings weniger an Gott, sondern an uns, seinem „Bodenpersonal". Wenn wir also viele Nöte in unserer Umgebung wahrnehmen, dann ist es müßig, Gott auf die innere Anklagebank zu setzen, da der Allerhöchste die Erde den Menschen gegeben hat. Sie sollen Seine Botschaft der Versöhnung bekanntmachen, Seine Liebe in diese Welt tragen und andere damit anstecken, so dass Gottes gute Gedanken und Pläne sich mehr und mehr über diesen Planeten ausbreiten.

KAPITEL 7

Persönliche Erlebnisberichte

 So, wie du eine einzigartige Persönlichkeit bist, so schreibt Gott mit jedem einzelnen seine unverwechselbare Geschichte.
Es ist wie bei den Schneeflocken. Mit bloßen Augen sehen sie alle ganz gleich aus. Schauen wir jedoch gründlicher hin und werfen einen Blick durch ein Mikroskop, sehen wir, dass keine Flocke mit einer anderen identisch ist, da sie in völlig unterschiedlichen, aber stets sechszackigen geometrischen Formen, auskristallisieren.

So ist es auch immer wieder spannend zu sehen, welche Wege Gott mit den verschiedensten Menschen geht und wie es dazu kam, dass sie anfingen ihr Vertrauen auf Jesus zu setzen. Ehrliche Erlebnisberichte sind oft sehr hilfreich, weil sie uns auf eine Weise persönlich berühren können, die dem Verstand nicht unbedingt zugänglich sind. Vielleicht ist hier für dich auch eine Geschichte dabei, die dein Herz bewegt.

Erst einmal Party... Jesus kann warten.

Eberhard D.

Mit 13 war ich mir sicher, dass das Leben mit Jesus sterbenslangweilig war: Öde Gottesdienste besuchen, brav und ordentlich sein und in einem, alten verstaubten Buch, der Bibel, lesen. Also war mein Plan: *„Erst einmal Party machen ... und später, kurz bevor man über den Jordan geht, mein JA zu Jesus zu geben, um damit meinen Freifahrschein für den Himmel einzulösen."*

Doch fünf Jahre später sollte sich diese Gesinnung schlagartig ändern. Auf einer Jugendfreizeit fiel mir auf, dass die Mädels, die am besten aussahen und am coolsten drauf waren, zu meiner Überraschung am innigsten von ihrem Leben mit Jesus erzählten. *„Vielleicht ist das Christsein doch nicht so langweilig, wie ich früher dachte?"* ging es mir durch den Kopf. In diesen Tagen wurde sogar das Betrachten des letzten Buches der Bibel, die Offenbarung, für mich auf einmal hochinteressant. Auch andere Passagen aus diesem „verstaubten" Buch der Bücher gewannen für mich überraschenderweise Alltagsrelevanz, so dass ich schließlich betete: *„Jesus, selbst wenn ich heute Nacht noch nicht sterben werde, will ich jetzt ein Leben mit dir starten."*

Und dann? Alles easy oder was? Es wurde eher schlimmer. Im Rückblick sehe ich mich ein halbes Jahr später in den Weihnachtsferien grummelnd vor der Bibel sitzen, weil ich glaubte, dass dies ein guter Christ den ganzen lieben Tag lang tun sollte. Und je mehr ich das tat, desto weniger Freude hatte ich dabei. Eine neue Devise hatte sich klammheimlich in mein Denken eingeschlichen: *„Was muss ich alles noch tun, damit Jesus mich gut findet?"* Und das wurde ein unwahrscheinlicher Krampf. Aber da ich nun schon mal mein JA für ihn gegeben hatte, wollte ich das eben nicht gleich wieder aufkündigen.

In diesen Tagen, über 40 Jahre später, wenn ich in den Rückspiegel meines Lebens schaue, kann ich sagen: Dies war die beste Entscheidung meines Lebens! Heute kann ich erkennen, wie Jesus mich aus meiner verkrampften Haltung: *„Ich muss mich möglichst perfekt verhalten, damit ER mich gut findet"*, Schritt für Schritt herausführte. In den verschiedensten Situationen gab ER mir immer wieder zu verstehen: *„Eberhard, ich habe dich so unendlich lieb, das kannst du dir gar nicht vorstellen. Ich kenne dich durch und durch – und glaube mir, ich liebe dich, genau wie du bist. Du kannst dir deine Bemühungen sparen, mein Wohlwollen verdienen zu wollen. Das beruht alleine auf deinem JA zu mir."*

Diese ermutigenden Zusagen befreiten mich mehr und mehr von meiner perfektionistischen Gesinnung. Und je ungetrübter und klarer ich zu spüren begann, dass Jesus mich bedingungslos annimmt, wie ich bin, konnte ich mich auch anderen Menschen gegenüber öffnen und mich auf sie einlassen. Und heute bin ich so glücklich, dass ich mich morgens schon total auf den neuen Tag freue und abends kaum ins Bett gehen will, weil es so viel Interessantes in meinem Leben gibt. Doch das ist eine andere Geschichte und es gibt noch so viel mehr...

Ganz normal?

Astrid F.

Aufgewachsen bin ich in einer ganz normalen katholischen Familie mit dem klassischen Programm: Taufe, Kommunion, Firmung und sonntags eben der Gottesdienst. Dazu hin und wieder Urlaub in einem Heim für behinderte Kinder, das von dem Kloster, in dem meine Großtante lebte, geführt wurde. Dabei begleitete mich beständig die Überzeugung, dass Jesus mich liebt.

Später, während meines Studiums, suchte ich auch Anschluss an die dortige katholische Gemeinde, aber irgendwie kam ich nie richtig an, so dass ich zu guter Letzt dann auch dort nicht mehr hinging.

Schließlich waren meine beiden Auslandssemester in Spanien dran und zu meiner Überraschung lernte ich dort einen gänzlich anderen katholischen Glauben kennen. Dieser ließ mich mit der Frage zurück, was denn nun die Grundlage meines Glaubens ist – und ob das auch mein Glaube ist?

Zurück in Deutschland waren einige meiner MitstudentInnen irgendwie in einem kleinen freikirchlichen Gemeindegründungsprojekt gelandet, so dass es sich für mich ganz natürlich ergab, sich mit Jesus und der Bibel näher auseinanderzusetzen. Dort erlebte ich auch erstmals, dass man zu Jesus eine echte persönliche Beziehung, fast so etwas wie eine Freundschaft, haben kann. Es geht also nicht nur um das Wissen, das Jesus mich liebt, sondern in Folge dessen ebenso um die spürbare, erlebte Erfahrung.

Leider reagierten meine Eltern weniger erfreut, als ich ihnen von meinen Erlebnissen mit Jesus erzählte, welche ihren mehr traditionellen Glauben wohl eher in Frage stellten und so gar nicht in ihre Sichtweise passen wollten.

In den folgenden Jahren oder besser Jahrzehnten durfte ich nun auch mehr und mehr erkennen, dass mein Elternhaus doch nicht so ganz normal war, wie ich es gedacht hatte. Es gab wachsende Spannungen und als Einzelkind erlebte ich diese innerhalb der Familie umso intensiver, bis hin zum vollständigen Kontaktabbruch durch meinen Vater am Ende meines Studiums.

Ist nun mit Jesus trotzdem alles eitel Sonnenschein? Keinesfalls! Neben den normalen Herausforderungen in meiner Familie habe ich immer noch Furcht vor Einsamkeit, vor dem Verlassenwerden. In sozialen Beziehungen erlebe ich mich eher unsicher, weil ich nach wie vor durch die Erlebnisse in meiner Kindheit geprägt bin.

Aber mit Gott gibt es, im Gegensatz zu früher, eben dieses „Dennoch": Dennoch erlebe ich es als ein Geschenk Gottes, dass mich diese Angst nur noch selten dauerhaft überwältigt und ich immer wieder in IHM zur Ruhe kommen kann.

Eine Hilfe dabei sind mir die gewachsenen Beziehungen in meiner Gemeinde. Dort gibt es Menschen, Freunde, die mich begleiten und liebevoll aufrichten.

Das ermutigt mich sehr und ich entdecke, dass Gott mich liebevoll im Blick hatte, hat und haben wird. Dabei berührt es mich stets wieder aufs Neue, dass ER mich geliebt hat, bevor ich IHN überhaupt wirklich kannte und dies gibt mir Zuversicht mit diesem Gott weiter in die Zukunft nach vorne zu schauen und zu gehen.

Das echte und aufrichtiges Interesse an mir hat mich einfach umgehauen.

Dominik A.

Es war kurz nach meinem Studienbeginn in Hannover, als ich mehr aus der Not heraus, eine geeignete Wohnung zu finden, Kontakt zu den Navigatoren, eine christliche Hochschulgruppe, aufnahm.

Prompt wurde ich von ihnen zu einem ihrer Hauskreise eingeladen. Da ich im Prinzip keine Aversionen gegen Christen hegte und schon die Erfahrung gemacht hatte, dass sie doch ganz nett sind, bin ich hingegangen – auch wenn sie für mich gerade kein Wohnungsangebot in petto hatten.

Ich hatte bisher die Erfahrung gemacht, dass die meisten meiner Freundschaften sich darauf beschränkten, etwas zusammen zu trinken oder einen zu rauchen, wobei man in der Regel über den üblichen oberflächlichen Smalltalk nicht hinauskam. So hat es mich total umgehauen, dass an diesem Abend etliche aufmerksam nachfragten, mir zuhörten und ganz einfach aufrichtig an mir als Person interessiert waren. Dies hat mich tief berührt und ich fühlte mich sofort rundum wohl, so dass ich anfing, regelmäßig zu diesen Treffen zu kommen, woraus sich später sogar einige Freundschaften entwickelten. Anfangs war ich noch überzeugt davon, dass offensichtlich deshalb mir so viel Aufmerksamkeit und Wertschätzung entgegengebracht wurden, weil ich eben einfach so ein interessanter Typ war, doch nach einiger Zeit schwante mir, dass ich mit dieser Vorstellung wohl auf dem Holzweg war.

So geschah es eines Abends, wir saßen nach dem Hauskreis noch zusammen in der Küche, als gerade zwei „Navis" [Kurzform für Mitglieder der Navigatoren] von einem christlichen Festival zurückkamen. Sie waren noch ganz erfüllt von ihrem Auftritt dort und wie sie ihre Songs gespielt hatten. Ich kann mich noch gut daran erinnern wie ihre Augen leuchteten, als sie uns erzählten, dass dort verschiedene Menschen ihr Leben in der Tat Jesus gegeben hatten. Sie freuten sich so sehr darüber, als würde es sie tatsächlich tief bewegen, dass es diesen Menschen jetzt nun besser geht als vorher. Diese Haltung war mir völlig fremd, ich konnte das gar nicht nachvollziehen und ich fing an mich dafür zu schämen, dass mir diese Menschen völlig gleichgültig waren.

Am gleichen Abend setzte ich mich zuhause hin, ich fing an zu beten und habe mich gefragt, ob es Jesus ist, der ein solches Mitgefühl in diesen Menschen bewirkte. Ich verstand nicht, warum es hier so ganz selbstverständlich schien, dass sich jeder um den anderen kümmerte. Falls in der Tat das dieser Jesus ist, der eine solche Haltung in den Herzen dieser Menschen hervorbringt, dann, betete ich, wollte ich dies auch haben.

Nachdem ich mich nun auf diese Weise für Jesus entschieden hatte, kann ich nicht behaupten, dass ich jetzt ein so viel besserer Mensch bin als vorher. In manchen Dingen scheint sogar paradoxerweise eher das Gegenteil der Fall zu sein. Im Rückblick jedoch hat sich eins ganz entscheidend verändert. In dieser einen Sache hat Jesus mein Herz verwandelt. Es ist nicht mehr gleichgültig, sondern voller Mitgefühl, ja es zerbricht ab und an geradezu, wenn es mit den Nöten anderer Menschen in Berührung kommt und damit konfrontiert wird.

Ich war überzeugter Antichrist

Marie N.

In meiner Familie hat Gott keine Rolle gespielt. Nach außen gaben wir einen anständigen Eindruck ab, aber unter der Oberfläche war viel kaputt.

Meine Mutter litt an schweren Depressionen und mein Vater hat meine Mutter mit etlichen Frauen betrogen und uns Kinder sexuell missbraucht. Ich habe geglaubt, dass es an mir liegt, Papa und Mama glücklich zu machen und war dafür sogar bereit, meinen Körper zu opfern.

Als ich 11 Jahre alt war, ist schließlich alles aufgeflogen: die Affären meines Vaters einschließlich des Missbrauchs. Ich hatte das Gefühl, total versagt zu haben und verdient hatte, zu sterben. Also habe ich versucht, mich umzubringen – wieder und immer wieder. Für fünf Monate musste ich in ein Krankenhaus und anschließend hat das Jugendamt mich in ein Heim gebracht, indem ich weitere 4 Jahre blieb. In dieser Zeit fühlte ich mich einsam und leer, niemand schien sich für mich wirklich zu interessieren. Die anderen Kinder haben mich am Ende dieser Zeit einmal so verprügelt, dass ich nicht mehr aufstehen konnte, da bin ich zu meiner Mutter abgehauen, aber dort war es auch schwierig.

Gott hat in dieser Zeit keine Rolle für mich gespielt. In der Welt läuft so vieles schief, dass es offensichtlich ist, dass es keinen guten Gott geben konnte. Falls es ihn doch geben sollte, musste er ein ziemliches Arschloch sein, sonst hätte er nicht so viele schlimme Dinge in meinem Leben zugelassen. So wurde ich zu einem überzeugten Antichristen.

Mit 17 bin ich für ein Austauschjahr in die USA gegangen. Meine zweite Gastfamilie war katholisch, doch ich merkte, dass es noch etwas anderes in ihrem Leben gab. Es fühlte sich so an, als würden sie in Farbe und ich in schwarz-weiß leben.

Wieder zurück in Deutschland war ich sogar zweimal alleine im Gottesdienst, doch diese waren so langweilig und trocken, dass ich das mit Gott wieder schnell aufgab. Ich wohnte nun in einer WG und mein Freundeskreis war eher links geprägt, etliche auch esoterisch. Ich war oft abends weg, teilweise in wilden Klubs unterwegs. Ab und zu bin ich zu einem Hauskreis gegangen, den ich durch Kontakte aus den USA gefunden hatte. Das war eine Zeit voll innerer Kämpfe. Ein Teil von mir wollte glauben, aber wenn es mir schlecht ging, konnte ich mir einfach nicht vorstellen, dass es da einen guten Gott geben sollte. Ich war in dieser Zeit hin- und hergerissen. Nach meinem Abi sollte doch mein Leben erst so richtig losgehen, doch ganz plötzlich musste ich aus meinem Zimmer ausziehen und war auf einmal quasi obdachlos. Eine Freundin aus dem Hauskreis hat mich dann irgendwo gefunden und auf einen christlichen Hof gebracht. Dort fand ich erstmal alles ganz schrecklich. Alles war so konservativ, aber da ich keinen anderen Ort hatte, wo ich hätte hingehen können, blieb ich da erstmal notgedrungen. Dort empfahl mir jemand, ein christliches Seminar zu besuchen, doch ich ging dagegen wieder in die innerliche Opposition: „Ich hasse Christen und werde auf kein Seminar gehen!"

Schließlich bin ich dann doch gegangen, in der Hoffnung dort W-LAN zu haben, um mir die Zeit zu vertreiben. W-LAN gab es in diesem Haus tatsächlich, aber es gab da noch etwas sehr viel Wichtigeres: Ich bin Gott ganz real begegnet. Während einer Gebetszeit hatte ich plötzlich eine Vision vom Himmel. Es war, als hätte ich Gott gesehen – und Engel, die sich um mein Herz kümmern. Ich weiß, bis heute, wie ich die Augen aufgemacht habe und es einfach nicht fassen konnte. Dieser Gott war tatsächlich so real. Da habe ich mich entschieden, diesem Gott mein Leben zu geben.

Kurze Zeit später bin ich auf eine Bibelschule gegangen. Dort hatte ich die Möglichkeit, mich mit meinen Zweifeln und Fragen auseinanderzusetzen. Ich habe viele Stunden vor Gott geweint. Ich habe erfahren, dass er ein guter Vater ist und in seiner Gegenwart finde ich all dies, was mir keine Droge, kein Alkohol geben konnte: echten Frieden.

Gott hat Stück für Stück mein Herz geheilt. Er hat Dinge in mir geheilt, von denen ich nie dachte, dass sie nochmal heil werden könnten. Ich konnte mich sogar mit meinem Vater treffen und ihm vergeben. Heute arbeite ich für das Missionswerk Gospeltribe. Ich predige zu den Menschen und leite Einsätze in der ganzen Welt. Ich war in El Salvador, Ägypten,

Irak und in den Flüchtlingslagern in Griechenland und Jordanien. Es berührt mich zutiefst, dass Gott nicht einfach nur mich heilen mag, sondern dass er mich benutzen kann, um überall auf der Welt Hoffnung zu bringen.

KAPITEL 8

Weitere Nachrichten

 Diese vier Geschichten stehen stellvertretend für tausende und abertausende anderer Menschen, die es gewagt haben, ihr Vertrauen auf Jesus zu setzen. Ihr Weg ist noch nicht zu Ende, so wie dein Weg noch nicht zu Ende ist. Wenn du dir noch nicht schlüssig bist, ob du für dein weiteres Leben dein Vertrauen auf Jesus setzen willst, ist es hilfreich, noch ein paar weitere Aspekte in Augenschein zu nehmen.

Mit der Annahme von Jesus in dein Leben tritt nicht nur Gottes Amnestie für dich in Kraft, beginnt nicht nur in diesem Leben eine Beziehung mit einer Person, die die Liebe selbst ist, sondern der Tod selbst hat seine Macht eingebüßt und sein hässliches Gesicht verloren. Der Tod hat nun nicht mehr das letzte Wort, denn gleichwie Jesus von den Toten auferstanden ist, so werden Seine Leute, die mit IHM verbunden sind, auch von den Toten auferstehen.

Die Bibel ist da ganz eindeutig. In etlichen Stellen weist sie uns daraufhin, dass es eine Auferstehung der Toten und ein ewiges Leben mit Gott und den anderen Auferstandenen geben wird. Dieses Leben wird so herrlich und so erfüllend sein, dass uns unser jetziges Leben dagegen wie ein dunkler schemenhafter Schatten vorkommen wird.

Auf den letzten Seiten der Bibel bekommen wir eine kleine Vorahnung davon, wenn wir dort folgende Worte lesen, die wir kaum glauben können:

„Und ich hörte eine große Stimme von dem Thron her, die sprach: Siehe da, die Hütte Gottes bei den Menschen! Und er wird bei ihnen wohnen, und sie werden sein Volk sein, und er selbst, Gott mit ihnen, wird ihr Gott sein; und Gott wird abwischen alle Tränen von ihren Augen, und der Tod wird nicht mehr sein, noch Leid und Geschrei noch Schmerz wird mehr sein; denn das Erste ist vergangen. Und der auf dem Thron saß, sprach: Siehe, ich mache alles neu! Und er spricht: Schreibe, denn diese Worte sind wahrhaftig und gewiss! (Offenbarung 21,3-5)

Dies ist keine billige Vertröstung auf ein fernes Jenseits, sondern die Reise in die Ewigkeit beginnt dann, wenn wir unseren letzten Atemzug hier auf dieser Erde machen. Wir brauchen uns auch nicht mehr davor zu fürchten, dass wir unser Leben verlieren, denn wir werden ein neues Leben aus

Gottes Hand in unserer Auferstehung in Empfang nehmen. Je tiefer wir jetzt schon in diesem Vertrauen, in diesem Glauben verwurzelt sind, desto weniger sind wir der Angst ausgeliefert, die immer wieder nach uns greifen will. Dies gilt besonders für diese Zeit, in der ich diese Zeilen schreibe, in der eine weltweite Krise, ausgelöst durch einen Virus, unser Denken, Fühlen und Wollen dominieren will. Doch dieser Angst kann es nicht gelingen unsere Herzen zu erobern, wenn wir fest auf die Ewigkeit mit Gott ausgerichtet bleiben. Wir werden dann sogar heute schon erleben, dass Gottes tiefer Friede diese aufkommende Angst verdrängt und wir Friedensbringer in eine von der Angst regierten Welt sein werden.

Tief innen haben wir eine Gewissheit geschenkt bekommen, die über Krankheit und Tod hinausgehen. Unser Körper wird wieder zu Staub, aber unsere Seele, der Sitz unserer Persönlichkeit wird einen neuen, ewigen und perfekten Körper, der nicht mehr der Vergänglichkeit unterliegt, erhalten. Das ist eine weitere wirklich gute Nachricht.

Leider gibt es hier auch noch eine andere Seite, eine schlechte Nachricht. Diese andere Seite macht uns unmissverständlich klar, dass es für jedes Leben, für jede Seele eine ewige Existenz gibt. Die entscheidende Frage ist nun nicht, ob nach dem Tod deine Seele weiterlebt, sondern wie! Mit Schuld beladen oder frei von jeglicher Schuld! Ob mit einer Amnestie oder ohne! Wenn du mit deiner Schuld deinem Schöpfer im Jüngsten Gericht gegenübertreten wirst, dann wirst du, so beschribt es das letzte

Buch der Bibel, nach deinen Werken beurteilt werden und ohne Gott in die Ewigkeit eingehen. Dort wird die allumfassende Liebe und Gottes Gegenwart nicht mehr präsent sein. Die Bibel nennt diesen Ort auch Hölle. Diese Tatsache können wir hier - um der Wahrheit willen - nicht einfach ausklammern. Somit eröffnet sich hier noch eine höchst unangenehme Perspektive, nämlich für immer dort sein zu müssen. Das ist eine richtig schlechte Nachricht.

Einige könnten an dieser Stelle vielleicht meinen, dass Gott hier aber den großen Holzhammer auspackt und uns mit seinem Gericht und seiner Strafe droht. Wie ich die Sache sehe, gibt es in der Hölle allerdings nur Freiwillige, und zwar die, die die Amnestie abgelehnt haben. So bleibt dem Schöpfer letztlich keine Wahl, weil diese Menschen eine echte und aufrichtige Beziehung zu ihm zu ihren Lebzeiten gar nicht wollten bzw. sich gar nicht darauf eingelassen haben.

Andere meinen, dass das doch alles keine große Rolle spielen würde, das sind doch Sachen, die sind Lichtjahre vom normalen Alltag weg. Es kommt doch momentan drauf an, sich hier auf dieser Erde für die Belange Gottes einzusetzen und sein Leben nach seinen guten Gedanken auszurichten.

Anscheinend ist es Gott wohl aber auch wichtig, uns auf die langfristigen Konsequenzen hinzuweisen und uns hier reinen Wein einzuschenken. Wir dürfen und sollen nicht nur ahnen, sondern auch wissen, was auf uns zukommt. Inwieweit dies uns in unserem Handeln motiviert, will ich an dieser Stelle nicht beurteilen. Ich kann aber von mir sagen, dass die Aussicht auf eine ewige erfüllende Existenz mit dem lebendigen Gott mir Trost und Kraftquelle schon in diesem Leben sind. Dies trifft besonders für Zeiten zu, die für mich nicht so leicht zu durchschreiten waren.

Wenn wir in die Bibel reinschauen, dann finden wir auf etlichen Seiten Zusagen, die uns vor Augen führen, wie reich wir beschenkt worden sind, wie z.B. in Römer 8,32. Dort heißt es: *„… der auch seinen eigenen Sohn [Jesus] nicht verschont hat, sondern hat ihn für uns alle dahingegeben, wie sollte er uns mit ihm nicht alles schenken?"* Das ist eine Sichtweise, unter die man z.B. auch die Bibel lesen kann: Es ist eine Schatzsuche! So wird das Leben nicht von einer Sorge zur nächsten Last getragen, sondern von einem Geschenk zum nächsten Schatz. Eine ganz andere Perspektive, die uns hier eröffnet wird.

Eine andere Sicht, in die Bibel zu schauen, ist die eines Liebesbriefes. Wo finde ich Gottes Liebeserklärungen in der Schrift und was macht dies mit mir? Eine Schlüsselstelle dazu finden wir in Epheser 3,19: *„… auch die Liebe Christi erkennen, die alle Erkenntnis übertrifft, damit ihr erfüllt werdet mit der ganzen Gottesfülle."* Wenn ich die „Liebesbrille" aufsetze und damit in das Buch der Bücher hineinschaue, werde ich Schritt für Schritt mit der Fülle Gottes Bekanntschaft machen. Ich werde erkennen, wie mitfühlend, sanftmütig, aufrichtig, geduldig und taktvoll Gott mit mir umgeht. Und das wird mich verändern, ohne dass ich mich abmühen müsste, Gott oder anderen Menschen ständig zu gefallen.

Je mehr ich begreife, was ich alles mit Christus geschenkt bekommen habe und welche neue Identität damit verknüpft ist, wird das mein Leben auf lebensfrohe und hoffnungsvolle Art und Weise bereichern. Das gilt nicht nur für dieses Leben, sondern streckt sich hinein in die Zukunft einer ganzen Ewigkeit.

Dem Apostel Johannes scheint dieser Zusammenhang wichtig genug zu sein, dass er diesem Umstand einen ganzen Absatz am Schluss seines Briefes widmet. Dort schreibt er: *„Das habe ich euch geschrieben, damit ihr wisst, dass ihr das ewige Leben habt, die ihr glaubt an den Namen des Sohnes Gottes."* (1. Johannes 5,13) Wenn sich diese Erkenntnis tief in unserem Leben verankert, dann werden wir in einer von Ängsten, Sorgen und Nöten gepeinigte Welt Zeichen der Hoffnung, des Friedens und der Zuversicht dagegensetzen können und wie Lichter in einer dunklen Zeit scheinen.

KAPITEL 9

Ausblick

 Du bist nicht allein! Es gibt noch etliche andere Menschen, die sich auf Jesus und sein Angebot eingelassen haben. Vielleicht haben sie dir sogar dieses Buch gegeben, damit du es durchliest und die Kernbotschaft der Bibel kennenlernst.

Dieses Buch ist mit voller Absicht nicht zu umfangreich, sondern beschränkt sich auf die elementaren Aussagen, die dir den Schlüssel für eine ewige Beziehung mit dem Gott der Bibel in die Hand gibt. Diesem Gott bist du überhaupt nicht gleichgültig, sondern er ist außerordentlich an dir interessiert. Er ist voller guter Gedanken über dich. Er ist die reine Liebe in Person. Er ist voller Geduld. Er ist demütig, sanftmütig und voller Freundlichkeit. Er ist unsagbar treu, lügen ist ihm völlig fremd und er steht felsenfest zu dem, was er gesagt hat. Es ist ein besonderes Privileg, ihn näher kennenzulernen. Und er hat sich für dich etwas einfallen lassen. Er hat für jeden Menschen einen Plan, den es zu entdecken gilt. Dieser Plan ist kein Anzug von der Stange, sondern ein Maßanzug, der auf dich passt. Dies macht das Leben mit IHM auch so spannend, weil er für jeden Menschen etwas Unterschiedliches bereithält. Wir finden und entdecken diesen guten Plan Gottes Schritt für Schritt, indem wir uns IHM mehr und mehr anvertrauen. In der Regel werden wir den Weg, den Gott für uns bereithält, nicht immer auf Anhieb finden. Es ist wie bei einer Schatzsuche. Manchmal landen wir in einer Sackgasse oder es türmt sich ein nicht zu überwindendes Hindernis vor uns auf. Dann sind wir angehalten, darüber mit Gott ins Gespräch zu kommen, wie es denn nun weitergeht. Leider ist es oft so, dass wir diese Option erst dann in die Hand nehmen, wenn wir selber schon alles Mögliche ausprobiert haben und erst am Ende unseres Lateins auf Gott zurückkommen.

Eine echte Hilfe auf unserer Lebensreise bzw. unserer Schatzsuche ist es, mit Gleichgesinnten unterwegs zu sein. Diese gilt es zu finden und sich mit ihnen auszutauschen und zu lernen, wie und auf welche Weise sie Jesus in ihrem Leben erfahren. Das wird dir auf deinem Weg mit Jesus immer wieder neu Mut machen und auf unterschiedliche Art deinen Glauben bereichern.

Wenn eine christliche Gemeinde oder Gemeinschaft einen Glaubenskurs, wie z.B. einen Alphakurs in deiner Nähe anbietet, ist es meine erste Empfehlung, dass du dich aufmachst und einen solchen Kurs, der über ca. 10 Abende geht, besuchst. Alpha steht für Anfang. Es ist ein Kurs, der eben besonders für Menschen gedacht ist, die einen neuen Anfang mit Jesus machen und sich weiter auf ihn einlassen wollen. Dort werden auch Themen behandelt, wie z.B.: Wie lese ich die Bibel? Was kann ich über das Beten lernen? Wie kann ich Gottes persönliche Führung erfahren? Dort wirst du auch Menschen kennenlernen, die auf dich eingehen, deine Fragen wie auch deine leisen oder lauten Zweifel auf eine Weise ernst nehmen, die dich nicht verurteilen, sondern versuchen, dir liebevoll auf deinem Weg beizustehen.

Eine weitere Empfehlung von mir für deine Lebensreise mit Jesus ist einfach eine Bibel zu kaufen und dann anzufangen, darin zu lesen. Für den Anfang ist eine moderne Übersetzung wie die „Gute Nachricht, die Bibel in heutigem Deutsch" eine gute Wahl. Bitte starte nicht damit, die Bibel von vorne nach hinten durchzulesen, wie bei einem normalen Buch. Es ist hilfreich zu wissen, dass die Bibel im eigentlichen Sinne kein Buch, sondern eine kleine Bibliothek mit über 66 Büchern ist, bei der über 40 Autoren mitgeschrieben haben – und dass in einem Zeitraum von etwa 1500 Jahren. Wenn du anfängst, in der Bibel zu lesen, dann fange im Neuen Testament an, am besten mit dem Johannesevangelium, dort findest du sehr viel über Jesus, was er gesagt hat, auch über sich selber. Dort kannst du ihn für den Anfang am ehesten weiter kennenlernen und was ihm wichtig ist.

Vielleicht findest du sogar andere, die mit dir gemeinsam in der Bibel lesen wollen, um anschließend darüber auszutauschen. Das könnte dann sogar zu einer kleinen lebendigen Gruppe von Menschen führen, die sich einander auf dieser Lebensreise mit Jesus gegenseitig ermutigen und unterstützen.

Du magst jetzt vielleicht denken: Puuh! Das klingt mir zu abgefahren und das ist mir alles viel zu viel: in einen Kurs gehen, in der Bibel lesen, eine Kleingruppe suchen, in den Gottesdienst gehen usw.
Fange mit einem kleinen Schritt an, am besten mit einer Sache, die dir am meisten zusagt. Du brauchst nicht alles auf einmal zu tun, sondern fange klein an: Schritt für Schritt.
Ebenso wenig musst du befürchten von nun an ein spassbefreites Leben führen zu müssen und nur noch mit frommen Christen abzuhängen. Als Christ zu leben heißt nicht, keinen Spaß mehr zu haben und zum Lachen in den Keller zu gehen, kein Bierchen mehr zu trinken, mit dem Tanzen aufzuhören und kein Fußballspiel mehr anzugucken. Versuche einfach, deine Dinge mit Jesus zu tun. Nimm ihn mit in deinen Alltag, wo immer du auch hingehst und was immer du auch tust. Und falls Jesus der Meinung ist, etwas Bestimmtes tut dir gar nicht gut, wird er auf leise und freundliche Art es dir nahebringen, so dass du darüber Bescheid weißt und es dir zu Herzen nehmen kannst.

Anhang

Häufige Fragen

Wenn ich mit anderen Menschen über Gott und Jesus Christus ins Gespräch komme, dann tauchen früher oder später an verschiedenen Stellen immer wieder ähnliche Fragen und Argumente auf.

Die 7 wichtigsten Einwände und Bedenken, die mir begegnet sind, habe ich auf den folgenden Seiten festgehalten. Zu jeder dieser 7 Fragen bzw. Einwände habe ich versucht, aus der Sicht der Bibel, wie auch aus meinem Erfahrungshorizont, eine hilfreiche Antwort dazu zu geben.

Hier eine Übersicht über die jeweiligen Fragestellungen:

1. Was ist denn mit den anderen Religionen?

Eine der häufigsten Fragen in dem Zusammenhang mit der Kernbotschaft von Jesus ist:

»Ist es nicht vermessen zu behaupten, dass die christliche Religion die alleinige Wahrheit für sich gepachtet hat?

Eine Variante dieser Fragestellung, übrigens mehr ein Statement als eine Frage, ist:

„In allen Religionen finden wir etwas Gutes: im Buddhismus, Hinduismus, dem Islam, dem Judentum … ebenso im Christentum. Gott offenbart sich in jeder Religion auf seine Weise … und so soll auch ein jeder auf seine Art selig werden."

Es gehört in der Tat schon eine Portion Vermessenheit wie auch solider Überzeugung dazu, die Wahrheit für sich gepachtet zu haben, da stimme ich zu. Fraglos behaupten das aber fast alle Religionen, nicht nur der christliche Glaube.
Es finden sich auch in anderen Religionen Aspekte, die moralisch wie ethisch als auch spirituell ganz wertvoll sind. Das müssen wir ohne Wenn und Aber anerkennen. Im Kern ihres Wesens, in ihren fundamentalen Aussagen, unterscheiden sie sich jedoch erheblich. Da es offenbar grundlegende Widersprüche zwischen den Religionen gibt, können keinesfalls alle im Recht sein. Die Frage – zumindest an uns im vorgenannten Zusammenhang – ist nun: Wie können wir erkennen, welche Religion die Richtige

ist, nachdem das alle für sich in Anspruch nehmen? Auf den ersten Blick scheint das kaum möglich, da uns eine objektive Instanz fehlt, nach der wir uns in diesem Falle ausrichten könnten. Es bleibt also nur der Weg, diese Frage persönlich unter die Lupe zu nehmen.

Das Interessante ist nun, wie wir selber unbewusst in einem solchen Prüfungsprozess vorgehen, nach welchen Kriterien wir in der Tat die Dinge filtern und beurteilen, die an uns herangetragen werden. Es ist übrigens ein Irrtum, wenn wir annehmen, dass uns primär Einsicht und Logik dabei leiten würden. In erster Linie sind es ganz andere Aspekte, anhand derer wir letztendlich unser Leben ausrichten und nach denen sich dann unser Welt- wie auch Gottesbild aufbaut. Dieser Beurteilungsprozess richtet sich u.a. an folgenden Faktoren aus:

1. Welche Beziehung habe ich zu der Person(Personen), die mir das empfiehlt?
2. Was für unmittelbare Ergebnisse kann ich bei ihr erkennen?
3. Was bringt mir das persönlich? Ist es attraktiv?
4. Passt es zu meinem bisherigen Weltbild oder komme ich dabei in Konflikte?
5. Ist das Ganze in sich stimmig oder schlüssig? Welche eigenen Erfahrungen habe ich damit sammeln können?

Vielleicht meinst du, du wärest ein Mensch, der logisch denkt und könntest die Wahrheit erkennen, aber diese Wirklichkeit beruht auf dem Glauben an

Personen, denen du vertraust oder vertraut hast. Nebenbei bemerkt versuchen interessanterweise gerade heutzutage die modernen Medien diesen Platz des Vertrauens einzunehmen. Jedenfalls wird auf diese Weise unser Welt- als auch unser Gottesbild geformt. Deshalb wird es keine große Hilfe für dich sein, jetzt alle möglichen Für und Wider in Bezug zu einer bestimmten Religion aufzuzählen. Es ist eine Frage des Vertrauens.

Das Vertrauen – und interessanterweise nicht die moralischen Tugenden, wie z.B. in den Religionen – steht zudem im Zentrum des christlichen Glaubens. Es geht darum, sein Vertrauen in eine Person zu setzen: Jesus!

Dieses Vertrauen bzw. der Glaube, dass Jesus für mich eine Amnestie erwirkt hat, hebelt den religiösen Leistungsgedanken, der überwiegend die anderen Religionen dominiert, völlig aus. Das ist ein markanter Unterschied, der den christlichen Glauben von allen Religionen unterscheidet. In den Religionen kann man sich weiterhin nie ganz sicher sein, ob das, was man tut oder getan hat, ausreicht. Es gibt keine Gewissheit, dass ich nach dem Tod die Ewigkeit mit Gott im Himmel verbringe, sondern lediglich eine vage Hoffnung. Im christlichen Glauben dagegen darf man sich seiner Errettung ganz sicher sein, wie ein enger Vertrauter von Jesus, und zwar Johannes, schreibt: *„Das habe ich euch geschrieben, damit ihr wisst, dass ihr das ewige Leben habt, die ihr glaubt an den Namen des Sohnes Gottes."* (1. Johannes 5,13)

Das Vertrauen spielt, ganz unabhängig davon, um was es geht, in der Meinungsbildung eine viel größere Rolle, als wir vielleicht meinen.

Vertraut man z.B. einer Person, die einem Jesus empfiehlt und sieht auch noch den ungeheuren Vorteil, das Geschenk der Amnestie, die einem gegeben wird, dann ist der Schritt, seinen Glauben auf oder in diesen Jesus zu setzen, nur noch ein Schrittchen. Ist man dagegen in einer anderen Religion oder Weltanschauung engagiert oder sogar von Christen enttäuscht oder verletzt worden, dann werden auch beste Argumente kaum etwas bewirken, weil an Vertrauen nichts gebaut wurde.

Was den christlichen Glauben weiterhin gegenüber allen Religionen so einzigartig hervorhebt, ist nicht nur ein Angebot einer umfassenden Amnestie, sondern ebenso der Anspruch des Religionsstifters selber, Gott zu sein.

Ein weiteres herausragendes Merkmal ist die Auferstehung des Religionsgründers von den Toten sowie die Erfüllung etlicher Prophetien aus der Schrift, die Jahrhunderte vorher aufgeschrieben wurden und auf die Jesus keinen unmittelbaren Einfluss hatte. Dies betreffen Aussagen wie z.B., dass er in Bethlehem geboren werden würde (Micha 5,1 - ca. 720 v.Chr.) oder dass seine Schlächter, die römischen Soldaten, um seine Kleider würfeln würden. (Psalm 22,19 - ca. 1000 v.Chr.) Von solchen Voraussagen gibt es noch etliche andere.

Weil das alles so unglaublich klingt, wird oft vorgebracht, dass Jesus das entweder nie gesagt hat oder die Jünger den Leichnam haben verschwinden lassen. Dagegen spricht allerdings die Zuverlässigkeit der Überlieferung, auf die im nächsten Einwand eingegangen wird.

Um was dich Gott also heute bittet, ist ein Risiko einzugehen, indem du IHM einen Vertrauensvorschuss gibst. Ich kann nur aus eigener Erfahrung sagen: Es lohnt sich. Du wirst es nicht bereuen. Schaue dir doch nochmal die *„Schwimmerrallye"* an, dann wird es vielleicht auch für dich klarer, wie ein erster Vertrauensschritt auf Jesus hin aussehen könnte.

Zurzeit ist die „Schwimmerrallye" auch noch auf YouTube als ein kleiner Film von ca. 5 Minuten Dauer zu sehen. Einfach den Begriff „Schwimmerrallye" auf Google eingeben und dann anklicken.

2. Wie ist das mit der Überlieferung der biblischen Texte?

Eine weiterer Einwand betrifft das mangelnde Vertrauen in die Genauigkeit der Bibel und ihre überlieferten Texte:

„Jesus und seine Aussagen dürfen wir nicht wörtlich nehmen, da sie durch die Phantasie und die inneren Erwartungshaltung der Schreiber verzerrt wurden. Außerdem wurden sie durch mehrfaches mündliche Weitertragen dem jeweiligen Erinnerungsfilter und Erwartungshorizont der Berichtenden angepasst."

Dreh- und Angelpunkt der Überlieferung des Lebens Jesu ist die Bibel und hier besonders das Neue Testament. Die Bibel ist im eigentlichen Sinne kein Buch, sondern eine Bibliothek. Mehr als 40 verschiedene Verfasser haben über einen Zeitraum von ca. 1500 Jahren an der Bibel geschrieben. Von einem Buch, bestehend aus 66 einzelnen Büchern, niedergeschrieben in einer Zeitspanne von 1500 Jahren und über 40 unterschiedlichen Autoren würde man menschlich gesehen nichts weiter als ein unzusammenhängendes Sammelsurium erwarten.

Eine Botschaft durch die Zeit

Aber verblüffenderweise ist genau das Gegenteil der Fall: Vom Buch Genesis bis zum letzten Buch der

Bibel zieht sich immer wieder **eine** Botschaft durch: *Wie Menschen zurück in eine Beziehung mit dem lebendigen Gott gelangen können.* Der springende Punkt jedoch ist, dass es hierbei im Kern nicht um ethische oder moralische Lehraussagen geht, sondern um ein Versöhnungsangebot Gottes an uns Menschen, und zwar eines, das im Vergleich mit allen anderen Religionen einzigartig dasteht. Dieses Angebot wurde im Leben und Sterben von Jesus als vorläufiger Höhepunkt des Redens Gottes an uns Menschen übermittelt. Die Jünger und viele andere waren Augenzeugen, die diese Geschehnisse erst mündlich, später dann schriftlich weitergaben. Daraus wurde das Neue Testament, das zusammen mit dem Alten Testament (die Zeit vor Jesus) die Bibel bildet.

Die schriftliche Überlieferung

Die schriftliche Überlieferung begann etwa um 50 n.Chr., also 20 Jahre nach der mündlichen Weitergabe der historischen Ereignisse um Jesus. Originale der Urtexte liegen uns nicht vor, die ältesten gefundenen Handschriften (Papyri) werden auf ca. 125 n.Chr. datiert. Zurzeit liegen vom Neuen Testament ca. 5000 Manuskripte vor, die zum Teil bis in die Zeit um 350 n.Chr., in Auszügen gar bis 150 n.Chr., zurückreichen. Diese Texte weichen nur äußerst geringfügig untereinander ab. Die Tatsache, dass heute von keinem Buch der Bibel eine vom Verfasser selbst stammende Urschrift gefunden wurde, mag die Glaubwürdigkeit der biblischen Texte auf den ersten Blick zweifelhaft erscheinen lassen. Sie erklärt sich aber daraus, dass man in früheren Zeiten, im Gegensatz aus antiquarischen Überlegungen zu heute, auf den Erhalt des Originals keinen Wert gelegt hatte. Wenn es abgegriffen war und zum Gottesdienst nicht mehr verwendet werden konnte, stellte man eine sorgfältige, wiederholt verglichene Abschrift her. So wurden über die Jahrhunderte immer neue Kopien verfasst und von den Schreibern mit einer sprichwörtlichen Genauigkeit angefertigt. Diese Akribie spricht für eine unverfälschte Überlieferung des Urtextes. Bei keinem bisher bekannten Werk des Altertums liegt eine so kurze Zeitspanne zwischen der Urschrift und der ältesten noch vorhandenen Abschrift vor.

Die mündliche Überlieferung

Die kurze Zeitspanne der mündlichen Weitergabe von 20-40 Jahren bis zur schriftlichen Fixierung spricht auch für eine überprüfbare mündliche Überlieferung. Viele kennen das Phänomen der „Stillen Post", wobei ein Wort über mehrere Personen weitergegeben wird und am Schluss etwas ganz Anderes beim letzten Empfänger ankommt. Dieses Gedankenspiel hat bezüglich der mündlichen Überlieferung allerdings einen Denkfehler. Die erste Person, der Absender der „Stillen Post", weilte ja in der Tat noch quicklebendig unter den Menschen und konnte folglich falsche oder verzerrte Erzählungen korrigieren. Sie war der **„historische Zensor".** Ein Beispiel aus unserer heutigen Zeit ist der Holocaust an den Juden. Heute, über 75 Jahre später, leben sogar immer noch Menschen unter uns, die davon berichten können. Eine verzerrte oder entstellte Geschichte des Holocausts wäre nach nur 20-30 Jahren, also in den 60-iger Jahren, auf eine Flut von Zeitzeugen gestoßen, die diese korrigiert hätten. Der Holocaust ist ein so entsetzliches und unglaubliches Phänomen und für unseren „gesunden" Menschenverstand derart schwer verdaulich, dass einige schon angefangen haben, ihn zu leugnen.

Ähnliches gilt für die Ereignisse vor 2000 Jahren, die sich in Palästina um den historischen Jesus abgespielt haben. Sie sind zuverlässig überliefert: erst mündlich, später schriftlich. Dann akribisch abgeschrieben durch die Jahrhunderte, schließlich durch die Erfindung des Buchdrucks maschinell vervielfältigt – und heute in über 2000 Sprachen übersetzt und weltweit verbreitet. Heute können wir bei jedem Buchhändler eine Bibel erstehen. Diese Ereignisse und Erzählungen, die wir darin zu lesen bekommen, sind allerdings nicht leicht verdaulich, wie auch der Holocaust - aber nun einmal Realität. In Bezug auf den Holocaust sind sie traurigerweise Tatsache, hinsichtlich der Ereignisse um Jesus glücklicherweise. Denn Jesus kam nicht mal vorbei, um mal ein bisschen nachzuschauen, wie es uns gerade geht oder eine kleine „Good-will" Tour hier zu starten. Er hatte einen Auftrag und eine Botschaft im Gepäck, die es in sich hatten: Am Kreuz von Golgatha für die Schuld der Menschen zu sterben und durch das Angebot einer umfassenden Amnestie einen Weg zurück zu Gott zu öffnen.

3. Warum lässt Gott es zu?

Eine häufige, als auch schwierige Frage, ist die nach dem Leid:

»Wenn Gott wirklich ausnahmslos gut ist und ebenso allmächtig, wieso gibt es dann so viel Leid auf der Welt? Wie kann das sein? Entweder ist er dann nicht gut oder eben nicht allmächtig oder aber keines von beiden. Und wenn das der Fall ist, dann habe ich mit diesem Gott ein Problem!«

Diese Fragestellung ist völlig legitim, besonders wenn sie aus eigenen leidvollen Erlebnissen und Erfahrungen hervorkommt. Das Elend in dieser Welt ist immens. Viele Menschen sind durch Qual und Leid gegangen ... und Gott hat das geschehen lassen. Wie kann das sein?

Im Herangehen an diese Frage müssen wir uns vergegenwärtigen, dass wir in einer gefallenen oder abgefallenen Welt von Gott leben. Als der Schöpfer diese Welt schuf, wie es uns die Bibel auf den ersten Buchseiten beschreibt, war sein Urteil darüber: *„Und Gott sah, dass es gut war."* (1. Mose 1) Nachdem ER den Menschen gemacht hatte, heißt es sogar: *„Und es war sehr gut!"*

Und auf den letzten Seiten der Bibel heißt es: *„ ... und der Tod wird nicht mehr sein, noch Leid und Geschrei noch Schmerz wird mehr sein; denn das Erste ist vergangen."* (Off. 21,4) Also, es fing gut an und es wird gut enden. Dazwischen sehen wir ein Meer bzw. seitenweise Blut, Geschrei, Leid und

Tränen. Dummerweise leben wir gerade in dieser Zwischenzeit, sprich in der Zeit, die die Bibel mit ihren Seiten füllt. Warum greift Gott nicht ein, um das auf der Stelle zu beenden? Er könnte das ja, weil er allmächtig ist. Wieso macht er das nicht?

Es muss also etwas geben, das Gott noch wichtiger ist und es IHM deswegen nicht einfach zulässt, dieses böse Spiel problemlos ad hoc zu beenden. Was ist das?

Es hört sich blasphemisch und für deine Ohren wohl nahezu unglaublich an: Das, was es nicht zulässt, dieses leidvolle Treiben glattweg zu stoppen, ist die Liebe! Waaas??! Wie das??

Nun, die Liebe dominiert nicht, sie macht nicht kurzen Prozess, sie sucht nicht ihr eigenes Anliegen durchzusetzen, stattdessen achtet und respektiert sie den anderen total. Die Liebe macht aus dem Gegenüber keine Marionette, sondern gesteht ihm einen freien Willen zu, selbst wenn dieser den eigenen Ansichten und Absichten zuwiderläuft.

Genau das tut Gott mit den Menschen. Sie haben sich von IHM und seinen Anweisungen abgewandt, IHM den Rücken zugekehrt und versuchen, das Leben und die Gestaltung der Welt in ihre eigenen Hände zu nehmen. Die Bibel beschreibt diese Abwendung mit der oft belächelten Geschichte des Sündenfalls (1. Mose 3) und die anschließende Vertreibung aus dem Garten Eden. Gott hat unsere Entscheidung akzeptiert, dass wir es ohne ihn versuchen. Das dies ja nicht sonderlich gut funktioniert bzw. funktioniert hat, ist offensichtlich. Aus diesem Grunde hat Gott auf seine Weise durch die Jahrtausende auch immer wieder Versuche gestartet, die Menschen in eine heilsame Beziehung zu IHM zurückzuführen, was ihm leider nicht durchgängig gelungen ist. Das liegt aber in keinerlei Hinsicht am mangelnden Potential Gottes, sondern an den verdrehten und verstockten Herzen der Menschen.

Schließlich kam ER selber als Mensch in diese Welt: Das war Jesus! Und mit ihm kam das Angebot einer Amnestie für alle Menschen. Jesus hat höchstpersönlich viele Zeichen getan: Aus reiner Barmherzigkeit heilte er etliche, gab Hungrigen zu essen, er holte sogar einige Gestorbene von den Toten zurück. Dennoch lehnte sein eigenes Volk, die Juden, ihn letztlich ab und ließen ihn kreuzigen, weil sie an einen anderen Messias glaubten oder glauben wollten: Einen, der sie vom Joch der römischen Besatzungsmacht befreien und sie an die vorrangige Stelle vor sämtlichen Völkern stellen würde.

Nach seinem qualvollen Tod stand Jesus von den Toten auf, zeigte sich seinen Jüngern und gab ihnen den Auftrag, die Gute Nachricht der Amnestie unter allen Völkern zu verbreiten. Und dort sind wir heute. Gott sucht immer noch Menschen, die sich auf ihn einlassen, ihm nicht den Rücken zukehren, das Leid der Welt nicht vermehren, sondern vermindern. Bedauerlicherweise ist das eher die Minderzahl unter den Menschen, so dass nach wie vor die Welt von Leid erheblichen Ausmaßes durchzogen ist.

O.K., wenn das so ist, dann trägt der Mensch eifrig dazu bei, dass das Leid nicht gerade weniger wird. Was ist aber mit den Leiden, wofür kein Mensch etwas kann: „Krankheiten, Naturkatastrophen, Missbildungen im Mutterleib, Behinderungen usw., da leiden Unschuldige!!! Ist das gerecht?

Ich stimme dir zu, das schreit zum Himmel … und da sind wir auch gleich an der richtigen Adresse. Gänzlich Unschuldige, selbst ernsthafte Christen bleiben nicht vom Leid verschont – im Gegenteil. Sie werden oft noch wegen ihres Glaubens verfolgt oder benachteiligt. Noch nie gab es so viele christliche Märtyrer wie in unserer heutigen Zeit. In Deutschland bekommen wir das weniger mit, aber es ist Tatsache. Christsein ist keine Insel, die uns vor Leid bewahrt.

Ja … und Gott, dieser Gott der Liebe, der schaut sich das einfach so an … und macht offenbar nichts!! Wie kann das sein?

Das Problem ist, dass Gott dem Menschen, als er ihn schuf, ihm im gleichen Atemzug die Autorität über die gesamte Erde gab. Das hat er wirklich ernst gemeint. Und bis heute hat er das nicht zurückgenommen. Damit hat sich nicht nur der Mensch von Gott abgewandt, sondern in seinem Kielwasser ist quasi der ganze Planet verdorben … und leidet.

Wenn Gott heute sagen würde, ich beende dieses Kapitel und ich werde das Böse sogleich von der ganzen Erde fegen, wer würde übrig bleiben? Wahrscheinlich niemand. Deshalb hat ER einen anderen Weg gewählt, den Weg über Jesus. Hier bekommen wir eine echte zweite Chance: Erst erhalten wir, wie schon öfters erwähnt, das Angebot einer Amnestie, und danach das Vorrecht aus der Beziehung mit Jesus zu leben. Das bedeutet auch, dass wir u.a. einen Beitrag haben dürfen, das Leid hier zu vermindern und nicht zu vermehren und auch anderen dieses Angebot Gottes durch Jesus, der die Tür zu Gott ist, weiterzugeben.

Das besagt aber auch, dass wir zunächst in dieser gefallenen Welt, die leidet, erst einmal weiter präsent sind ... und mitleiden. Gott könnte uns ja nach unserer Annahme der Amnestie gleich in den Himmel »beamen«. Macht er aber nicht, stattdessen beteiligt ER uns, die Christen, nicht nur passiv seinen guten Gedanken und seinem Plan oben im Himmel Beifall zu spenden, sondern hier auf der Erde an Seinem Werk mitzuwirken. Wir sind in diesem Sinne nicht nur Zuschauer auf der Tribüne, sondern jetzt wie Jesus auch Akteure in diesem ganzen Geschehen.

Irgendwann wird diese Zeit zu Ende gehen. Dann bricht ein neues Zeitalter an und das Leid wird danach in der Tat nur noch eine Erinnerung sein. Dann wird die Hoffnung, die wir jetzt in unserem Herzen tragen, in Erfüllung gehen und es wird dann kein Geschrei, kein Schmerz und auch keinen Tod mehr geben.

4. Was passiert mit denen...?

Folgende Frage taucht bei den verschiedenartigsten Gesprächssituationen immer wieder über kurz oder lang auf:

„Wenn Jesus der einzige Weg ist, um in die Ewigkeit Gottes zu gelangen ... was passiert dann mit den Menschen, die nie von Jesus gehört haben? Was geschieht mit denen?"

Diese Fragestellung ist keine praktische, sondern es geht dabei mehr um eine hypothetische, philosophische Problematik, da der Fragesteller ja von Jesus gehört hat. Die Bibel ist jedoch kein umfassendes theoretisches Lehrbuch und gibt von daher zu besagter Frage leider keine eindeutige Antwort.

Sie zeigt aber auf, dass das Versöhnungswerk Christi ebenfalls schon in den Zeitepochen vor Christus durch den Glauben Gültigkeit erlangte, wie wir es am Beispiel von Abraham sehen können: *„Abraham hat Gott geglaubt, und das ist ihm zur Gerechtigkeit gerechnet worden."* (Römer 4,3) Ebenso wissen wir von anderen Personen des Alten Testaments, dass sie wegen ihres Glaubens als gerecht oder gerettet galten, wie z.B. Lot, David und etliche Propheten, obgleich ihnen das Versöhnungswerk Christi noch verborgen war. Sie empfingen Vergebung aufgrund dessen, was Jesus am Kreuz für sie in der Zukunft tun würde. Die Wirksamkeit der Amnestie durch das stellvertretende Opfer am Kreuz bezieht sich folglich nicht nur auf die Menschen, die es danach hören und annehmen konnten, sondern gleicherweise auf die, die vor Jesus gelebt haben, ungeachtet der Tatsache, dass sie nie eine Möglichkeit hatten, von ihm zu hören. Das geschah durch ihren Glauben, bzw. ihr Vertrauen auf eben diesen Gott „Abrahams, Isaaks und Jakobs". Wir können also vermuten, dass dies wohl gleichermaßen für die Menschen gilt, die nach Jesus gelebt haben, obwohl sie nie etwas von Jesus gehört haben. Dies erkennt Jesus ebenfalls dem Zöllner zu, der ferne vom Tempel stand und nur betete: *„Gott sei mir Sünder gnädig!" (*Lukas 18,13) Allerdings ist dies nur eine Annahme, die sich weder belegen noch widerlegen lässt.

Ansonsten gibt es einige wenige Andeutungen, dass sogar bezüglich einer vergangenen Zeitepoche im Totenreich das Evangelium verkündigt worden wäre (1. Petrus 3,19; 1. Petrus 4,6), aber des Weiteren hüllt sich die Bibel über diese Frage in Schweigen. Deswegen weiß ich es selber auch nicht.

Wenn wir jedoch im Römerbrief die ersten zwei Kapitel betrachten, dann wird offenkundig, dass die Menschen ihre eigenen Maßstäbe ausnahmslos verletzen bzw. verletzt haben, Gott den Rücken zukehrten und deshalb nach ihren Werken beurteilt werden. Dies wird beim Jüngsten Gericht passieren. (Offenbarung 20,11ff.)

Dort wird auch deutlich, dass das Gericht Gottes gerecht ist. Aber nur wer die Amnestie, die Begnadigung von Jesus durch den Glauben angenommen hat, wird ganz sicher nicht gerichtet, sondern begnadigt. Aus diesem Grunde ist es wichtig, dass diese Botschaft bekannt wird. Die Verbreitung dieser Botschaft hat Gott den Menschen und sonst niemand anderen anvertraut. Deshalb ist die praktische Frage an dich jetzt: Was machst du persönlich mit diesem Angebot?

5. Sind moderne Wissenschaft und Bibel miteinander vereinbar?

Dieses Spannungsfeld wird oft mit folgendem Statement in das Gespräch eingebracht:

„Die moderne Wissenschaft und die Bibel stehen sich in etlichen Fällen diametral gegenüber. Besonders die christliche Religion hat die Entwicklung der Forschung in der Vergangenheit immer wieder ausgebremst. Die Bibel ist doch von vorgestern, wie kann man da ihr Glauben schenken?"

Eine Variante dieser Fragestellung ist auch:

„Die Bibel enthält eine Reihe von Irrtümern, wie wir alle wissen, wie soll ich einer solchen Quelle vertrauen?"

Zunächst ist es an dieser Stelle hilfreich zurückzufragen, was für Irrtümer oder Widersprüche denn eigentlich gemeint sind? Oft kann konkret erstmal keiner angeführt werden – oder es kommt lediglich die Geschichte vom Schöpfungsbericht, dass dieser mit der Evolutionstheorie von Darwin nicht zur Deckung zu bringen ist. Selbst wenn der Schöpfungsbericht nicht wörtlich zu interpretieren wäre, sondern die Tage in dem betreffenden Geschehen als längere Zeitepochen zu sehen sind, so ist die Schlussfolgerung der springende Punkt: Welches Fazit ziehst du aus deiner Evolutionstheorie? Dass das Universum durch Zufall entstand oder dass ein Gott mit Hilfe eines fortwährenden Entwicklungsprozesses seine Hand im Spiel hatte? Nehmen wir an, das Letztere ist richtig, was hätte das für dich für Konsequenzen?

Von Bedeutung für uns ist, dass Gott die Welt gemacht hat. Wie Gott das angestellt hat, ist zweitrangig. Da die Bibel kein akademisches Lehrbuch ist, sondern vielmehr ein Ratgeber, wie die Menschen wieder in eine versöhnte Beziehung mit Gott kommen können, hat sie nicht für jedes wissenschaftliche Fachgebiet unserer heutigen Epoche eine erschöpfende Antwort in ihrem Programm. Es ist jedoch erstaunlich, wie sie uns in einigen Bereichen Hinweise gibt, die mit den Entdeckungen der modernen Wissenschaft viel eher übereinstimmen, als mit den gängigen Theorien aus den Zeiten, in denen die Schreiber ihre Zeilen abfassten.

Nehmen wir nur einmal das Buch Hiob. Im Kapitel 26,7 heißt es dort: *„Er (Gott) hängte die Erde über das Nichts."* Zu der Zeit, als das Buch Hiob verfasst wurde, war die Vorstellung weit verbreitet, dass auf dem Urmeer eine riesige Schildkröte schwamm, wobei ihr Rückenpanzer das Land bildete. In der Bibel findet sich von dieser Hypothese rein gar nichts wieder.

Wann immer wir heute dagegen die Fotos betrachten, die die Apolloastronauten auf ihren Mondmissionen von der Erde machten, dann hängt dort die Erde in der Tat im „Nichts", nämlich im leeren Raum.

Oder schauen wir uns mal im Psalm 139 um, den David um das Jahr 1000 v.Chr. verfasst hatte. David wusste jedenfalls in keinerlei Hinsicht etwas von einer speziellen und allgemeinen Relativitätstheorie, die unsere Welt als ein Raum-Zeit-Kontinuum beschreibt, d.h., dass Raum und Zeit untrennbar miteinander verwoben sind. Diese besagt z.B., wenn jemand an jedem Ort im Raum ist, dann ist er auch überall in der Zeit. Das Verblüffende ist nun, dass David Gott genau auf solche Weise im Psalm 139 charakterisiert. In den ersten zehn Versen schildert er die räumliche und in Vers 16 die zeitliche Dimension. Weiterhin lesen wir im Propheten Jeremia, wie Gott sich, als der Allgegenwärtige im Raum, vorstellt: *„Bin ich es nicht, der Himmel und Erde erfüllt, spricht der Herr."* (Jeremia 23,24) Und in Offenbarung 1,8 begegnen wir der zeitlichen Allgegenwärtigkeit: *„Ich bin das A und das O, spricht Gott, der Herr, der da ist und der da war und der da kommt, der Allmächtige."* Es ist in diesem Zusammenhang interessant, mit welchem Namen sich Gott anfangs den Menschen vorstellte, als Mose ihn fragte, wie er denn hieße und Gott daraufhin antwortete: *„Jahwe"*, was im Grunde nichts anderes heißt, als *„Ich bin da!"* Gott ist da, in Zeit und Raum. Weil Gott in Zeit und Raum ist, überblickt Er nicht nur die Zukunft. Er ist längst dort. Deshalb kann Er uns etwas über die kommende Zeiten sagen. Die Bibel ist zwar von Menschen geschrieben, aber Gott hatte in der Abfassung des Buchs der Bücher seine Hand nachdrücklich im Spiel. Die Bibel enthält über weite Strecken detaillierte prophetische Aussagen, von denen ein Großteil sich bereits erfüllt haben. Das ist nur möglich, wenn der Verfasser die Zukunft kennt. Allein die Wahrscheinlichkeit der Ereignisse bezüglich des Lebens und Sterbens Jesu, auf die er selbst keinen Einfluss nehmen konnte, dass diese sich rein zufällig ereigneten, ist astronomisch gering. Und es ist unbestritten, dass diese Schriften Jahrhunderte vor Jesus verfasst worden sind.

Wenn man sich auf die Suche macht, wird man, wie erwartet, zwischen einem spezifischen Standpunkt eines wissenschaftlichen Fachgebietes bzw. dem Standpunkt des jeweiligen Forschers und Aussagen der Bibel Widersprüche finden. Da können ganze Bücherregale mit gefüllt werden: mit Argumenten und Gegenargumenten. Dies gilt aber ebenso für diverse Wissenschaften untereinander. Wie auch immer, es gibt wahrscheinlich mehr scheinbare Widersprüche zwischen den verschiedenen Wissenschaften als zwischen der Wissenschaft und dem christlichen Glauben.

Richtig dagegen ist, dass es in der Kirchengeschichte Zeiten gegeben hat, in denen die Ergebnisse wissenschaftlicher Forschungen intensiv bekämpft worden sind, wenn wir nur an Galilei denken, der vor die Inquisition zitiert und verurteilt wurde. Dies heißt aber auch, dass damals die Kirche weniger in der Bibel, als in der jeweiligen Zeitströmung mit ihrem Weltbild verankert war. Das sollte uns zu denken geben, sobald wir die „neuesten" Forschungsergebnisse von XY heranziehen, um der Bibel wissenschaftliche Antiquiertheit anzuhängen. Schon übermorgen kann sich durch zusätzliche Fakten aufs Neue ein gänzlich anderes Bild abzeichnen.

Festzuhalten bleibt, dass die Bibel kein wissenschaftliches Lehrbuch sein will, sondern als Wegweiser für eine versöhnte Gottesbeziehung verfasst wurde. Deshalb finden wir zu den heutigen modernen Wissenschaften nur sporadische Übereinstimmungen. Ebenso spiegelt die Zeitepoche sowie das charakteristische Umfeld des Verfassers sich in den jeweiligen Schriften wieder. Verblüffend für uns heute ist jedoch, dass in den Texten öfters Sichtweisen auftauchen, die über das normale Verständnis der Schreiber weit hinausgehen und sie vieles davon tatsächlich gar nicht wissen konnten. Im Grunde genommen ist solches nur so zu erklären, dass der wahre Autor dieses Buches in Zeit und Raum dahinter stand und die Schreiber nicht ihre eigenen Gedanken verfassten, sondern sie ihnen vom Geist Gottes eingegeben wurden.

6. Sind Wunder möglich?

Diese Frage ist eng mit der vorigen Fragestellung verwandt, ob die moderne Wissenschaft und die Bibel sich in vielen Fällen nicht widersprechen? Hier geht es nun darum, wie denn ein intelligenter Mensch in einem wissenschaftlichen Zeitalter überhaupt noch an Wunder glauben könne. Sie äußert sich z.B. in folgender Einstellung:

„Die Wunder, die die Bibel beschreibt, sind Mythen, denen jede wissenschaftliche Grundlage fehlt. Ich würde ja gerne an Wunder glauben, wenn es sie denn gäbe. Aber ich habe noch keines erlebt.

Um diese Frage zu beantworten, müssen wir an den Kern der o.g. Fragestellung herangehen, sonst verplempern wir nur unnötige Zeit mit Fragen wie z.B.: „War es wirklich möglich, dass Petrus auf dem Wasser ging? Wie kann man erklären, dass das Volk Israel trockenen Fußes durch das Rote Meer zog? Wie hat Jesus das nur gemacht, als er mit fünf Broten und zwei Fischen über 5000 Menschen satt machte?"
Hinter der Frage nach den Wundern geht es im Kern der Sache ganz einfach darum, ob Gott existiert oder nicht. Wenn es Gott gibt, dann ist er jederzeit in der Lage, irgendein Wunder zu tun. Er kann allemal in das ganze Universum eingreifen, das er ja selber erschaffen hat, und das tut er auch. Nicht nur in der Bibel, sondern in der ganzen Kirchenge-

schichte bis in die heutige Zeit tat und tut Gott kleine und größere Wunder. Manche sind verborgen, andere sind dagegen sehr spektakulär.

Wunder sind allerdings für uns nicht beliebig wiederholbar und entziehen sich damit dem Zugriff der Wissenschaft, die ja wiederholbare Rahmenbedingungen braucht, um die Natur und deren Gesetze zu erforschen und zu beschreiben. Dieser Entzug aus dem Rahmen der Wissenschaft heißt allerdings nicht, dass sie nicht existieren. Entweder haben wir bei einem „Wunder" die Gesetzmäßigkeit dahinter noch nicht erkannt oder es spielte sich außerhalb der Naturgesetze ab. Gott, der Schöpfer, ist natürlich in der Lage, in beiden Feldern – innerhalb oder außerhalb der Naturgesetze – zu operieren.

Wenn wir mit Jesus leben, dann werden wir früher oder später auch erleben, dass Er auf recht unerklärliche Weise in unser Leben eingreift. Manchmal nehmen wir das als kleine Wunder wahr, andere Wenige erleben sogar sehr eindrucksvolle Dinge. Solche spektakulären Wunder gibt es auch heute noch. Diese sind zwar eher die Ausnahme, aber es gibt sie.

Zwei davon habe ich hier herausgesucht. Du kannst sie auf YouTube ansehen.

Video auf YouTube von Ian McCormack (Neuseeland)...

Ich war tot - Ein Blick in die Ewigkeit

Ian McCormack wurde auf Mauritius von mehreren extrem giftigen Quallen gestochen. Er starb im Krankenhaus und war für 15 Minuten klinisch tot. Nachdem der Arzt den Totenschein ausgestellt hatte, kam er durch ein Wunder ins Leben zurück. Sein Bericht gibt Klarheit über die Frage, was nach dem Tod kommt und welche Konsequenzen dies für unser Leben haben sollte.

Klick dich rein unter diesen Link:

https://www.youtube.com/watch?v=Z6eEehlX7Uk

Video auf YouTube von Andreas Berglesow...

Der Mann, der fünf Stunden tot war und von seinen Erfahrungen berichtet.

Klick dich rein unter diesen Link:

https://www.youtube.com/watch?v=aQiD6ofLgrE

Die Erfahrungen von anderen, auch wenn sie noch so spektakulär sind, werden uns allerdings nicht zwangsläufig überzeugen. Aber sie können Wegweiser sein, dass wir unsere bisherigen Ansichten überprüfen und uns auf die Suche machen, ob an diesen Sachen nicht doch etwas dran sein könnte. Allerdings müsste man dann schon ein bisschen Zeit investieren. Ich kann dir hier sagen, dass diese Investition sich auf jeden Fall lohnen wird, denn Gott gibt für deine Suche eine Zusage, ein Versprechen: *„Wer mich von ganzem Herzen suchen wird, von dem will ich mich finden lassen."* (Jeremia 29,13+14a)

7. Ist die Erfahrung der Christen nicht bloß psychologisch?

Interessanterweise ist mir diese Fragestellung eher bei Christen selber begegnet, die gerade eine Glaubenskrise durchlitten und während einer längeren Zeitspanne keine echten Glaubenserfahrungen mehr gemacht hatten. Dabei kam u.a. dann diese Frage auf, ob das möglicherweise doch alles nur Einbildung war und sie sich selbst etwas vormachten.

Andere psychologisch denkende Köpfe erklären, dass sämtliche Glaubenserfahrungen die bloße Erfüllung von Wunschdenken seien. Sie argumentieren, dass solche angeblichen Erfahrungen auf ein allgemeines spirituelles Grundbedürfnis zurückzuführen wären. Dieses Verlangen erzeuge im Menschen ein Bild oder eine Vorstellung, welche er selber produziere und seine Projektion dann anbete. Dieser subjektiven Wirklichkeit fehle somit jegliche Objektivität. Der Glaube bzw. die Religion sei für solche Leute eine Krücke, die sie sich selber erschaffen, da sie sonst mit ihrem Leben nicht zurechtkämen.

Das sind schwerwiegende Vorwürfe. Schauen wir uns doch nochmal die Argumentation etwas genauer an. In beiden Fällen geht es um die persönliche Erfahrung, die in Zweifel gezogen wird. Das ist allerdings ein Standpunkt, der nicht nur für den christlichen Glauben gilt, sondern für alle Erfahrung überhaupt. Die Frage, was von meinem Erleben wirklich real oder scheinbar ist, ist natürlich berechtigt. Jeder Richter in einem Prozess hat die Pflicht, den Wahrheitsgehalt der aufgerufenen Zeugen zu prüfen und zu einem möglichst objektiven Urteil kommen. Dabei muss die Phantasie von der Realität getrennt werden. Deshalb ist es gut, mehrere Personen zu haben. Dadurch kommt man der Wahrheit näher. In diesem Zusammenhang sucht man neben dem „Sondergut" der Zeugen nach Übereinstimmungen. Dieser Konsens der Zeugen bietet dem Gericht eine solide Grundlage für die Wahrheitsfindung.

Gibt es Überschneidungen, also einen Konsens, von denen die Nachfolger Jesu aus den unterschiedlichsten Kulturkreisen immer wieder erzählen? In der Tat! Die Zeugen für den christlichen Glauben sind zahlreich. Es gibt Tausende von Gläubigen, die ihr Erleben schriftlich festgehalten oder mündlich weitergegeben haben, auch in unserer heutigen Zeit. Es mag sein, dass einiges davon ausgeschmückt worden ist oder der Phantasie entsprang, aber die gemeinsamen konstanten Faktoren dieser Erfahrungen sind verblüffend ähnlich:

Das Leben von Menschen verändert sich zum Positiven. Zuversicht und Hoffnung kehren in ihr Denken und Handeln ein, eine Gewissheit des ewigen Heils durchzieht ihr Bewusstsein, Frieden breitet sich aus, Liebe wird sichtbar, Sünden und Fehlhaltungen werden bekannt und korrigiert usw. Und eine Konstante rückt immer wieder ins Zentrum: Jesus lebt! Er ist auferstanden! Er ist erfahrbar!

Entscheidend bei der christlichen Erfahrung ist auch, dass ihr Fundament auf geschichtlichen Tatsachen beruht, die zuverlässig festgehalten und überliefert worden sind, wobei übrigens nicht nur ein historischer Bericht vorliegt, sondern gleich deren vier. Vier Evangelien, die uns das Leben und Sterben Jesu nahebringen. Weiter gibt es eine Reihe von Zeugen, die uns aus erster Hand berichten, was sie damals gesehen und gehört haben. Sie haben es aufgeschrieben, und wir können es heute immer noch nachlesen.

Es sind also 3 gewichtige Tatsachen zu nennen, die bezüglich der Fragestellung nach der „psychologischen Einbildung", diesem Einwand, hier gegenüberstehen.

Da sind erstens die persönlichen Erfahrungen eines jeglichen Gläubigen, zu denen ich beispielsweise auch meine eigenen vergangenen 40 Jahre zähle. Im Laufe der Zeit hat sich da schon einiges angesammelt. Hierzu zählen auch Erlebnisse, bei denen es mir richtig schwerfallen würde, diese als Einbildung abzutun.

Dann sind da die Erfahrungen anderer, die ich eigenhändig kenne, sowie weiterer Gläubigen, die ich nicht persönlich kenne. Da gibt es eine Menge Überschneidungen, aber auch „Sondergut". Es existiert also zwischen uns ein gemeinsamer Nenner, der uns verbindet und damit den Wahrheitsgehalt objektiviert, so wie in einem Prozess, in dem etliche Zeugen aussagen, was sie gesehen und gehört haben.

Und drittens ist da das historische Fundament, auf dem unsere Erfahrungen ruhen, überliefert in der Bibel und fokussiert auf eine Person: Jesus Christus mit seiner unglaublichen Botschaft. Diese Botschaft ist im Grunde genommen so fantastisch, dass sie schon wieder glaubwürdig ist. So etwas wird sich niemals ein Mensch ausdenken. Mit ziemlicher Sicherheit würden wir uns etwas ausmalen, was plausibler ist. Etwas, was unserem normalen Denken mehr entspricht. Aber das Angebot einer umfassenden Amnestie, wobei Gott für uns noch die Strafe trägt, damit wir frei ausgehen, das ist eine Provokation für den gesunden Menschenverstand, ein Ärgernis für die Religiösen und eine Dummheit für die Klugen.

Im Grunde ist der Einwand mit der psychologischen Einbildung keine echte Frage. Es lässt den eigenen Standpunkt im Dunkeln und zweifelt den Wert und Wahrheitsgehalt der persönlichen Erfahrung des Anderen an, wobei diese gleich noch verallgemeinert wird. Generalisierung ist das psychologische Fachwort dafür. Dies ist übrigens auch ein Abwehrmechanismus, um sich nicht weiter konkret mit einer Sache auseinandersetzen zu müssen. Ich würde das Gespräch deshalb hier gerne vom Allgemeinen ins Konkrete holen und an dieser Stelle fragen: »Welche Erfahrung(en) von mir meinst du denn eigentlich? Mich würde auch interessieren, was dich zu der Annahme geführt hat, dass das bloße Fiktion ist?« Auf dieser Ebene würde es dann auch Sinn machen, weiter im Gespräch zu sein.

LITERATURVERZEICHNIS

Bergmann, Gerhard: Jesus Christus oder Buddha, Mohammed, Hinduismus? Essen 1976

Busch, Wilhelm: Jesus, unser Schicksal, Aussaatverlag 2001

Campus für Christus: Gott persönlich kennenlernen, Stuttgart 1979 (Kleinschrift)

Ebert, Andreas: Auf Schatzsuche, München 1990

Gumbel, Nicky: Heiße Eisen angepackt, Hamburg 2006

Gumbel, Nicky: Fragen an das Leben, Wiesbaden 1993

Lewis, C.S.: Pardon, ich bin Christ, Basel 2006

MacArthur, John: Die Herrlichkeit des Himmels, Dillenburg 2016

Schweitzer, Ortwin: Beweis mir Gott! Stuttgart 1978

Soulsaver e.V.:   36 Argumente für Gott, Biele-
                      feld 2017

Stott, John: Die Autorität der Bibel,
                      Stuttgart 1977

Wilder-Smith, A.E.:   Warum lässt Gott es zu?
                      Stuttgart 1980

Wilder-Smith, A.E.:   Die Zuverlässigkeit der Bibel...
                      Wetzlar 1979

Weitere Bücher vom Autor

Skandalös leben – Gnade als Lebensstil entdecken

Etliche Aussagen, die wir in der Bibel über Gnade finden, sind im Grunde genommen skandalös! Unser gesamtes Rechtsempfinden und unsere innere Werteskala werden auf den Kopf gestellt, da unser ganzes Streben, besonders in der westlichen Leistungsgesellschaft, auf gänzlich anderen Säulen ruht. Diese Säulen heißen unter anderem Leistung, Besitz und Image. Ausgehend von diesen Gedanken beginnt uns der Autor auf eine spannende und herausfordernde Entdeckungsreise mitzunehmen, auf der wir dem Wesen der Gnade tiefer auf die Spur kommen. Wir erkennen, welche Wege uns helfen, einen Lebensstil der Gnade einzuüben und sehen klarer, welche inneren Einstellungen uns immer wieder davon abbringen wollen.

Dieses Buch ist kein Buch nur zum Lesen, sondern zum „Graben": Jedem Kapitel folgt eine fundierte Bibelarbeit, um das Gelesene zu reflektieren, zu vertiefen und zu verarbeiten. Als Ergänzung zum Buch ist außerdem ein separates „Heft für Kleingruppenleiter" mit entsprechenden Anregungen für den Austausch in einer Kleingruppe erhältlich.

Paperback, 200 Seiten, Verlag Glory World Medien,
ISBN: 978-3-95578-306-8, **12,80.- €**
einfach per email formlos bestellen:
GuenterKretz@navigatoren.de oder bei:
www.gloryworld.de oder in jeder Buchhandlung

Das Arbeitsheft zum Buch –
für den Kleingruppenleiter

Dieses Heft gibt Anleitung und Hilfestellungen, wie das Buch „Skandalös leben" in einer Kleingruppe eingesetzt werden kann. Neben einer allgemeinen Einführung zur Kleingruppenleitung werden für jedes Kapitel Anregungen gegeben, die den Gesprächsleiter bei der Gestaltung der Gruppentreffen unterstützen, sodass ein lebendiger und gewinnbringender Austausch leichter gelingt.

Die methodische Vielfalt der jeweiligen Hinweise stellt für den Kleingruppenleiter darüber hinaus einen Ideenpool bereit, der ihm auch bei der Gestaltung beliebiger anderer Themen und Gruppenarbeiten eine Hilfe sein kann.

Somit entfaltet das Buch „Skandalös leben" nicht nur seine inhaltliche Wirkung über die jeweiligen behandelten Themen, sondern eröffnet dem Kleingruppenleiter nebenbei eine pädagogische Breite, die ihn befähigen wird, auch andere Themen kreativ und ansprechend zu moderieren.

geheftet, 48 Seiten, Verlag Glory World Medien,
ISBN: 978-3-95578-307-5, **5,80.- €**
Einfach formlos bestellen bei:
GuenterKretz@navigatoren.de oder bei
www.gloryworld.de oder in jeder Buchhandlung

Das Maria-Experiment
Die Kunst, Zeit zu haben

Zeit ist mit Abstand das Kostbarste, was wir haben! Sie ist ein Geschenk, über das wir frei verfügen können. Und doch haben viele von uns das Gefühl, dass Zeitmangel und Zeitdruck nicht nur gelegentliche Zaungäste, sondern lästige Dauermieter in ihrem Leben geworden sind. Wir spüren: Unser Terminkalender ist zwar voll, aber wir sind keineswegs erfüllt! Ein kleiner, jedoch wichtiger Unterschied.

Ausgehend von diesen Gedanken beginnt uns der Autor auf eine Entdeckungsreise mitzunehmen, auf der er dem Phänomen des erlebten Zeitmangels auf den Grund geht. Das „Maria-Experiment" fordert uns heraus, unsere Sicht vom Leben gründlich zu überdenken und es aus der Hand Gottes neu zu empfangen. Es ermutigt den Leser, aus dieser neuen Quelle zu leben und hilft ihm, konkrete Schritte zu gehen, damit sein Leben nicht voll, sondern erfüllt wird.

Paperback, 112 Seiten, Verlag Glory World Medien, ISBN: 978-3-95578-314-3, **9,50.- €**
einfach per email formlos bestellen:
GuenterKretz@navigatoren.de oder bei:
www.gloryworld.de oder in jeder Buchhandlung

Ist mein Wort nicht wie Feuer?

"Ist mein Wort nicht wie ein Feuer, spricht der Herr, und wie ein Hammer, der Felsen zerschmeißt?"
(Jeremia 23,29)

Das Wort Gottes ist nicht einfach irgendeine Information, wie wir sie in der Tageszeitung, einer Fachzeitschrift oder einem Lexikon finden. In der Bibel, dem Buch der Bücher, steckt "göttliches Dynamit". Holen wir die Bibel aus dem Regal und erreichen ihre Worte unser Herz, entfaltet sie in uns eine ungeahnte Kraft und ein heilsamer Transformationsprozess in eine neue Identität nimmt ihren Anfang.

Anhand ausgewählter Bibelstellen nimmt uns der Autor auf eine Entdeckungsreise mit, auf der wir immer mehr entdecken, wie umfassend Gottes Liebe zu uns ist und wie wunderbar unsere Berufung und Identität ist, die er uns zugedacht hat.

"Ist mein Wort nicht wie Feuer?" ist nicht nur ein Buch zum Lesen, sondern auch zum "Graben": Jedem Kapitel folgt ein praktischer Teil, um das Gelesene zu reflektieren und zu vertiefen. Diese Impulse eignen sich auch gut für den Austausch in einer Kleingruppe.

Paperback, 104 Seiten, Verlag Glory World Medien,
ISBN: 978-3-95578-337-2, **9,50.- €**
einfach per email formlos bestellen:
GuenterKretz@navigatoren.de oder bei:
www.gloryworld.de oder in jeder Buchhandlung

Bibelstudienhefte – Schritte Serie

Schritte zu Jesus (Teilnehmerheft)

 Ein Studienheft zum Einstieg in den christlichen Glauben. In diesem Heft geht es um die Kernaussagen des Neuen Testaments. Es beschreibt Ursprung, Wesen und Zweck des Lebens von Jesus Christus, die Anfänge der frühen christlichen Kirche sowie die sich daraus ergebenden Folgen für unser Leben heute. In vier aufeinander aufbauenden Lektionen werden in kurzer, prägnanter und einladender Weise die Fundamente des christlichen Glaubens vermittelt und zur praktischen Auseinandersetzung damit aufgefordert. (40 Seiten)

4,00.- Euro

Schritte zu Jesus (Leiterheft inklusive Teilnehmerheft)

Der Gesprächsleiter erhält hier eine umfassende und originelle Sammlung von Tipps und Ideen, die ihm den Einstieg und die Gesprächsführung in einer Gruppe entscheidend erleichtern. Er kann stets zwischen drei verschiedenen Austauschvarianten wählen und damit der Gruppensituation flexibel begegnen. (76 Seiten)

7,95.- Euro

Schritte mit Jesus (Teilnehmerheft)

Ein Studienheft für die ersten Schritte im christlichen Glauben. Dieses Heft ist für Menschen geschrieben, die sich auf eine persönliche Beziehung zu Jesus Christus eingelassen haben und darin wachsen wollen. So, wie sich zu Anfang einer Beziehung zwei Menschen füreinander entscheiden, so gilt dies für die im Alltag gelebte Beziehung umso mehr. In einer Freundschaft oder Ehe gibt es gute und schlechte Zeiten, Zweifel und offenherziges Vertrauen, Höhepunkte und Krisen. In diesem Heft werden in 4 Lektionen in methodisch anschaulicher, als auch gründlicher Weise die grundlegenden Bausteine für eine lebendige und erfüllte Jesusbeziehung aufgezeigt und zur praktischen Mitarbeit daran herausgefordert. (48 Seiten)

4,00.- Euro

Schritte mit Jesus (Leiterheft inklusive Teilnehmerheft)

Der Gesprächsleiter erhält hier erneut zum Teilnehmerheft eine umfassende und originelle Sammlung von Tipps und Ideen, die ihm den Einstieg und die Gesprächsführung in einer Gruppe entscheidend erleichtern. Er kann stets zwischen drei verschiedenen Austauschvarianten wählen und damit der Gruppensituation flexibel begegnen. (92 Seiten)

7,95.- Euro

Fortschritte mit Jesus (Teilnehmerheft)

Ein weiterführendes Studienheft zu grundlegenden Themen des christlichen Glaubens. Dieses Heft ist für Menschen geschrieben, die ihre Beziehung zu Jesus vertiefen, als auch anfangen wollen, sich für Jesus und seine Anliegen einzusetzen. Es gilt, nicht nur das Wissen über Jesus und seine Sicht der Dinge zu erweitern, sondern auch praktische Schritte der Nachfolge zu unternehmen.

In wiederum 4 Lektionen werden in methodisch anschaulicher Weise die grundlegenden Bausteine zur Nachfolge Jesu, zum Dienst am Nächsten sowie zur Mitarbeit im Reich Gottes vermittelt. (62 Seiten)

4,00.- Euro

Fortschritte mit Jesus
(Leiterheft inklusive Teilnehmerheft)

Der Gesprächsleiter erhält hier abermals zu den entsprechenden Teilnehmerlektionen eine umfassende und originelle Sammlung von Tipps und Ideen, die ihm den Einstieg und die Gesprächsführung in einer Gruppe entscheidend erleichtern. Er kann stets zwischen drei verschiedenen Austauschvarianten wählen und damit der Gruppensituation flexibel begegnen. (106 Seiten)

7,95.- Euro

Die Bibelstudienhefte der Schritte-Serie
sind erhältlich bei: NavPress, Thomas-Mann-Str. 60,
53111 Bonn oder auch unter:
www.navigatoren.de/publikationen/shop/